WISSEN *leicht gemacht*

DIE GROSSEN DER MALEREI

Heidi Wetzel

Sonderausgabe

2004 Trautwein Lexikon-Edition

Text: Heidi Wetzel
Chefredaktion: Evelyn Boos
Redaktion: Simone Steger
Produktion: Wolfram Friedrich
Abbildungen: Lidman Production, Stockholm; IFA-Bilderteam, München;
Gruppo Editoriale Fabbri, Mailand
Titelabbildungen: Lidman Production, Stockholm;
Gruppo Editoriale Fabbri, Mailand
Gestaltung: Axel Ganguin
Umschlaggestaltung: Axel Ganguin

Mehr Infos im Internet unter www.compactverlag.de

ISBN 3-8174-5586-0
5455862

Inhalt

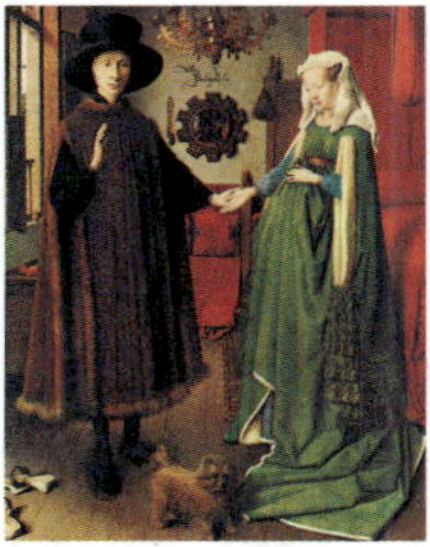

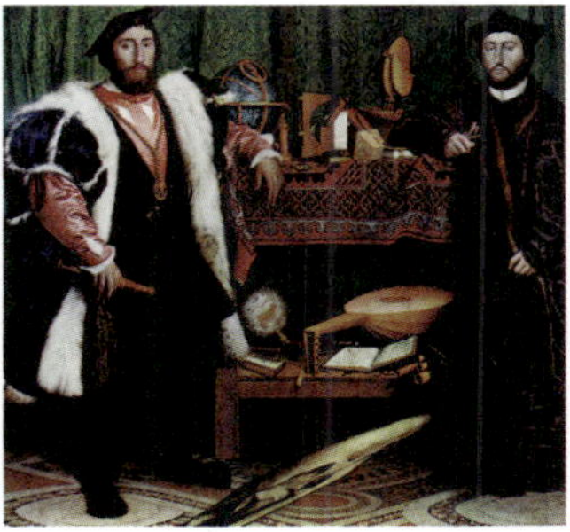

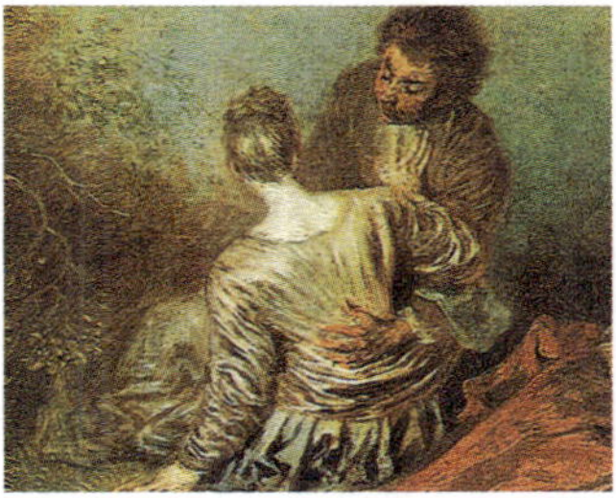

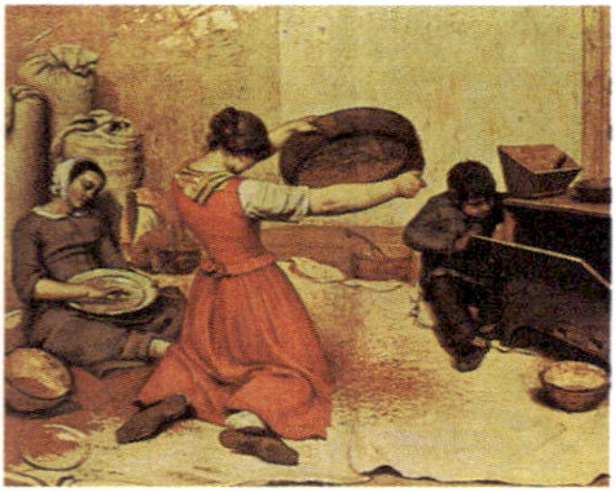

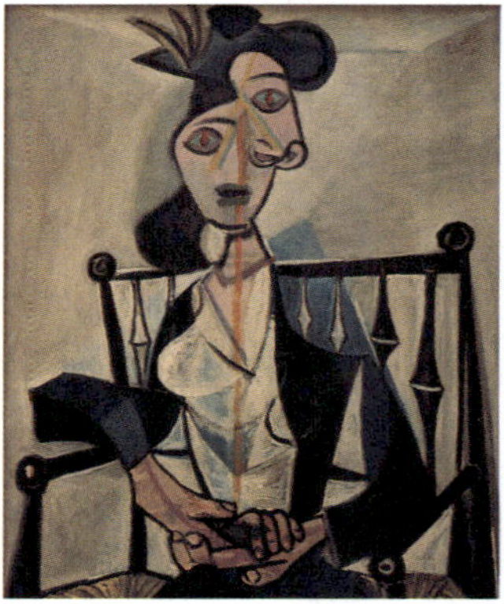

Gotik

Als Gotik bzw. gotisch wird die abendländische Kunst des Hochmittelalters und des Spätmittelalters bezeichnet. Der Übergang von der Romanik erfolgte regional zu unterschiedlichen Zeiten. Den Ausgangspunkt bildete um 1150 im Kernbereich der jungen Monarchie Frankreich. Von hier aus verbreitete sich der neue Stil im 13. Jh. im Heiligen Römischen Reich Deutscher Nation. Hier wie auch in Frankreich entwickelte sich bis in das 15. Jh. die Spätgotik, während südlich der Alpen die Wiederentdeckung des römischen Altertums eine grundlegende Erneuerung der Kunst einleitete.

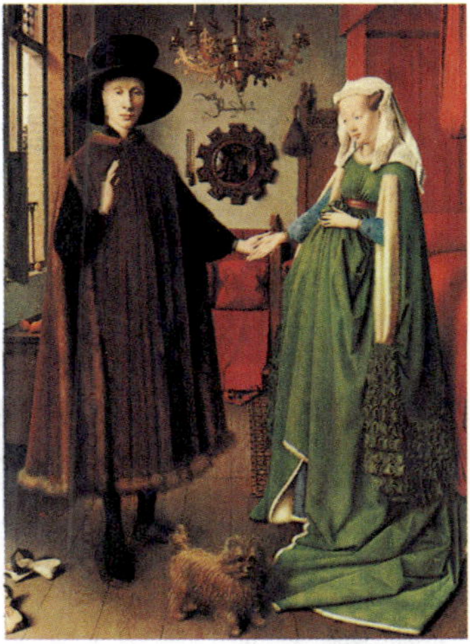

Van Eyck: Die Arnolfini-Hochzeit

Merkmale gotischer Kunst

Gemeinsames Merkmal der gotischen Kunst ist trotz regional unterschiedlicher Ausprägungen der Vorrang religiöser Aufgaben im Dienst der Kirche und frommer Stiftungen. Doch stellten sich auch profane Aufgaben im Dienst der Fürsten, verbunden mit dem wachsenden Interesse an der Welt und ihren Erscheinungen: Das Diesseits gewann an Bedeutung, doch behielt das Jenseits als Ziel allen irdischen Strebens die umfassende transzendente Sphäre, die in der Malerei der Goldgrund als Abbild der Ewigkeit symbolisiert. Umso bemerkenswerter ist die Tatsache, dass in Italien bei **Giotto** bereits um 1300, also zur Zeit der Spätgotik, der natürliche blaue Himmel den Goldgrund verdrängte, während er nördlich der Alpen, etwa bei **Stephan Lochner**, noch um 1450 seine religiöse Bedeutung behielt.

Die Spannweite der gotischen Darstellungsweise reicht von der drastischen Charakterisierung der teuflischen Mächte bis zur Schönheit edler Gestalten. Die häufig in s-förmiger Haltung auftretenden Figuren gewinnen einen graziösen Ausdruck, wobei – abgesehen von den nackten Figuren Adam und Eva im Paradies – die Körper unter faltenreichen Gewändern verborgen bleiben. Die Farbgebung folgt überwiegend einem weit verzweigten System symbolischer Bedeutungen.

Buntglasfenster der Kathedrale von Chartres

Glasmalerei

Die gotische Architektur verwandelte mithilfe der Skelettbauweise die bislang tragenden massiven Wände in weitgehend von Fenstern in Anspruch genommene Raumhüllen. Dadurch entwickelte sich die Glasmalerei zur führenden Technik der gotischen Malerei, wobei die beteiligten Meister anonym geblieben sind. Um 1250 entstand in Paars die ringsum mit Glasmalerei umgebene Sainte-Chapelle für die Reliquien, die der später heilig gesprochene französische **König Ludwig IV**. in Konstanti-

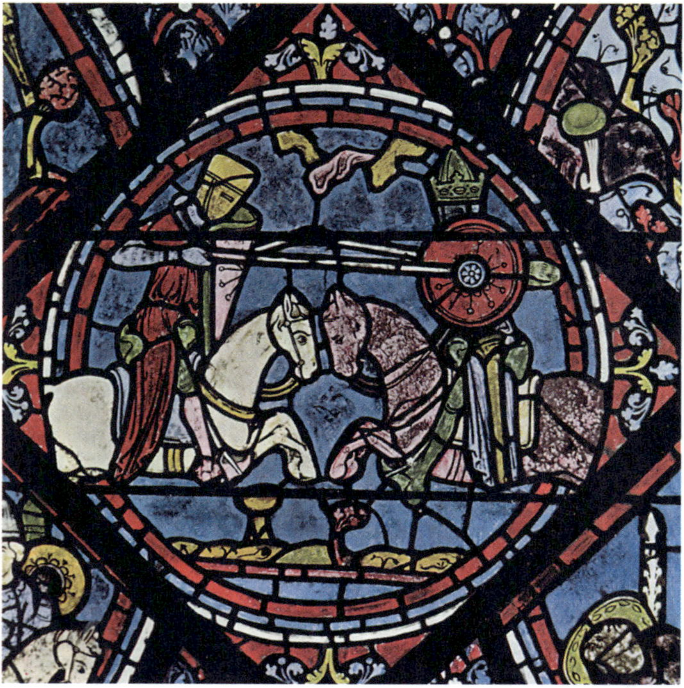

nopel erworben hatte. Zu den am besten erhaltenen Werken der Glasmalerei gehören die Fenster der Kathedrale von Chartres, der Elisabethkirche in Marburg an der Lahn oder der Kirche St. Dionys in Esslingen am Neckar.

Buchmalerei

Während die Glasmalerei die religiösen Empfindungen der zahlreichen Kirchenbesucher steigerte und in gewisser Weise eine öffentliche Kunst bildete, war die gleichfalls weitgehend anonyme Buchmalerei für die Kreise kirchlicher Würdenträger bestimmt, aber auch für kunstverständige weltliche Herrscher wie den böhmischen **König Wenzel**. Für ihn entstand um 1400 in Prag die (unvollendete) *Wenzelsbibel* (Wien, Österreichische Nationalbibliothek). Hier begleiten 634 Miniaturen und figürlich geschmückte Initialen den Text der 16 biblischen Bücher *Genesis* bis *Nehemia*. Doch neben religiösen Prachthandschriften entstanden illustrierte Handschriften der mittelhochdeutschen Literatur, z. B. des Epos *Parzival* (München, Bayerische Staatsbibliothek).

Tafelmalerei

Die wichtigste Aufgabe der mobilen Malerei auf Holztafeln bildeten die Aufsätze auf den Altären. Sie erhielten die Form eines Triptychons aus Mitteltafel und beweglichen, beidseitig bemalten Seitenflügeln. Diese großformatigen Bilder dienten als Hintergrund für die Gaben Brot und Wein sowie deren Deutung auf dem Altartisch bei der hl. Messe. Weitere Formen der Tafelmalerei waren der Hausaltar und das Andachtsbild für die private häusliche Andacht, oft als zweiteiliges Diptychon mit den Bildern der Madonna und des anbetenden Besitzers. Hieraus entwickelte sich bereits in der Spätgotik die Porträtkunst.

Wandmalerei

Die immobile Wandmalerei verlor in der Gotik in dem Ausmaß an

? Schon gewusst?

Der Begriff Gotik entstand im 16. Jh., in dem der italienische Kunsthistoriker und Maler **Giorgio Vasari** (1511–1574) den nördlich der Alpen entstandenen „Barbarischen" Stil des Mittelalters als „stilo gotico" bezeichnete. Der bis ins 18. Jh. in abwertendem Sinne verwendete Begriff erhielt durch die Wiederentdeckung des Mittelalters im 19. Jh. eine positive oder wertneutrale Bedeutung, zumal sich v. a. in der Baukunst (Kirchen und Rathäuser) als Alternative zum Klassizismus die Stilrichtung der Neugotik verbreitete.

Bedeutung, in dem Fenster immer mehr und mehr die Wandflächen auflösten.
Dieser Vorgang war nördlich der Alpen stärker ausgeprägt als im Süden. Das bedeutete, dass die ursprünglich romanische Tradition in Italien fortbestand und im Schaffen von Giotto einen neuen Höhepunkt fand.

! Meister der Spätgotik

Giotto (um 1266–1337)
Jan van Eyck (um 1390–1441)
Pisanello (1395–1455)
Stephan Lochner (um 1410–1451)
Hieronymus Bosch (um 1450–1516)

Giotto

(eigentlich Giotto di Bondone)

Bereits Zeitgenossen wie der Dichter **Dante** (1265–1321) rühmten Giotto, und bis heute gilt der Sohn eines wohlhabenden Bauern als ein Künstler, der die Malerei erneuert hat. Diese Bewertung stützt sich auf die Fähigkeit Giottos, die traditionellen Themen der religiösen Kunst in einer Weise darzustellen, dass die gemalten Menschen, Tiere, Bauwerke und Landschaften der Wirklichkeit entsprechen: Die Figuren besitzen ein hohes Maß an

! Lebensdaten

um **1266** Geburt in Vespignano (Toskana)
um **1280** Ausbildung in Florenz
1287/88 Gehilfe von Cimabue in Assisi
um **1290** Heirat in Florenz
um **1296** Tätigkeit mit Gehilfen in Assisi
um **1300** Aufenthalt in Rom
um **1305** Tätigkeit in Padua, danach Rückkehr nach Florenz
1328 Vertrauter des Königs Robert in Neapel
1334 Ernennung zum Stadt- und Dombaumeister von Florenz, Entwurf des Campanile (Baubeginn 1334)
1337 Tod in Florenz

Körperlichkeit, und sie handeln in einer Umgebung, die als Innenraum oder als Szenerie unter freiem Himmel den Eindruck von Räumlichkeit erweckt. Hinzu kommt die überzeugende Darstellung von Gemütsbewegungen wie Freude, Zuneigung, Verwunderung, Andacht oder Schmerz und Trauer. Dies bedeutete, dass sich die heiligen Szenen der alltäglichen Lebenserfahrung annäherten und eine neue Art von Wirklichkeit gewannen.

Altarbilder

Einen Gipfel seiner Kunst erreichte Giotto mit dem Tafelbild *Thronende Madonna mit Engeln und*

Heiligen, das zwischen 1300 und 1310 für die Kirche Allerheiligen in Florenz entstanden ist. Es wird daher auch *Ognissanti-Madonna* genannt (heute in den Uffizien in Florenz).

Die heiligen Gestalten befinden sich zwar noch vor einem goldenen Hintergrund und sind insofern der Wirklichkeit entrückt. Maria gibt aber mit leicht geöffneten Lippen ein Lächeln zu erkennen und bringt damit auf ganz menschliche Art und Weise ihr unbeschreiblich großes Mutterglück zum Ausdruck. Zu Giottos Altarwerken gehört eine kreuzförmige Holztafel, die mit der Gestalt des gekreuzigten Christus bemalt ist.

! San Francesco in Assisi

Das Bild des **Franz von Assisi** (1181/82–1226) orientiert sich weitgehend an den Wandgemälden, mit denen Giotto und die Mitglieder seiner Werkstatt die Oberkirche der gotischen Grabkirche des Heiligen in Assisi um 1296 ausgestattet haben. Ein Jahrzehnt zuvor war Giotto bereits mit seinem Lehrer **Cimabue** (um 1240–1301/02) in San Francesco tätig gewesen. Nun gestaltete er an den Seitenwänden einen Zyklus mit Szenen aus der Franziskus-Legende. Es ist kein Zufall, dass Giotto seine vollkommen neuartige und einflussreiche Darstellungsweise gerade im Zusammenhang mit diesem Thema entwickelt hat: Giottos wirklichkeitsgetreue Malerei entsprach der Weltoffenheit der franziskanischen Erneuerung des religiösen Lebens.

Wandgemälde

In Padua stattete Giotto die so genannte Arenakapelle der **Familie Scovegni** (Cappella della Scovegni) vollständig mit Wandgemälden aus. Das Bildprogramm umfasst an den Seitenwänden das *Marienleben* sowie *Leben, Tod und Auferstehung Jesu Christ,* am Triumphbogen die *Verkündigung an Maria,* an der Altarwand das *Jüngste Gericht.*

Ungewöhnlich ist die Vielzahl dramatischer Ereignisse, die sich häufig im Freien unter blauem Himmel statt vor dem traditionellen Goldgrund abspielen. Jede der Personen besitzt eine der jeweiligen Handlung angemessene Charakterisierung durch Gestik und Mimik. Zu den eindrucksvollsten Szenen gehört in dieser Hinsicht die Gefangennahme Jesu mit dem *Judaskuss.*

Spätwerke in Florenz sind in zwei Kapellen der Kirche Santa Croce Szenen aus der *Geschichte des Täufers und des Evangelisten Johannes* sowie aus der *Legende des hl. Franziskus.*

Jan van Eyck

! Lebensdaten

um **1390** Geburt in Maastricht oder Maaseyck
ab **1422** Hofmaler des Grafen von Holland, Johann von Bayern, in Den Haag
ab **1424** Hofmaler des Herzogs von Burgund, Philipp der Gute
1427/28 Reise in diplomatischer Mission nach Portugal und Spanien
1430 Anstellung als Stadtmaler in Brügge
1441 Tod in Brügge

Jan van Eyck begründete eine neue Technik der Malerei, die als Feinmalerei bezeichnet wird. Eine Voraussetzung bildete die Erfindung der ölhaltigen Malerfarben, die einen Farbauftrag in dünnen, transparenten Schichten erlaubte und auf diese Weise zur Wiedergabe feinster Farbabstufungen geeignet war. Als Erfinder der Ölmalerei wurde Jan van Eyck in den Niederlanden berühmt, darüber hinaus in Italien und Spanien. Bewundert wurde die wirklichkeitsgetreue Darstellung von Personen und ihrer Gewänder, von Gegenständen und Stadtansichten und Landschaften, wobei die kleinsten Details deutlich zu erkennen sind. Jan van Eycks genaue Beobachtungsgabe bezog sich auch auf die natürliche Beleuchtung, die auf seinen Gemälden die Personen verklärt.

Bilder der Madonna

Jan van Eycks religiöse Malerei konzentrierte sich auf Darstellungen der thronenden Maria mit dem Jesuskind, umgeben von Heiligen und anbetenden Zeitgenossen. Hierbei diente die kostbare, in feinen Abstufungen leuchtende Farbgebung, die an Edelsteine erinnert, der Verehrung der heiligen Gottesmutter. Zu diesen Meisterwerken der Feinmalerei gehört die kleine Tafel *Maria in der Kirche* (um 1425; Berlin, Gemäldegalerie). Das Gemälde zeigt die gekrönte Madonna im Mittelschiff einer gotischen Kathedrale, wobei

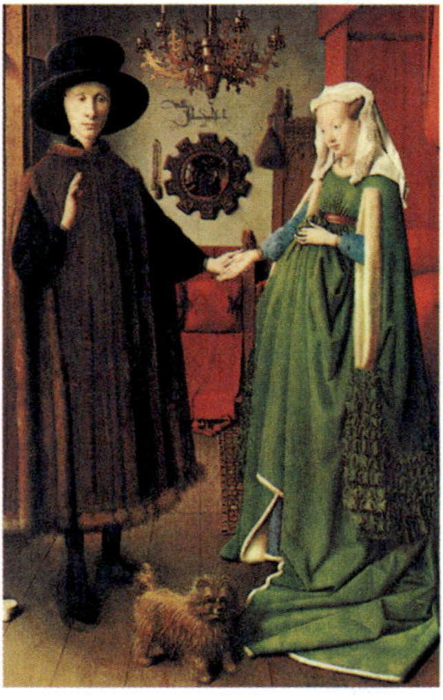

Die Arnolfini-Hochzeit

der Fußboden die Flecken von Licht erkennen lässt, das durch die Fenster in die Kirche fällt.

Porträtmalerei

Ein zweiter Schwerpunkt ist die Porträtkunst. Ein geheimnisvolles Werk ist *Der Mann mit dem roten Turban* (1433; London, National Gallery), das vielleicht als Selbstporträt zu betrachten ist. Ein berühmtes und einzigartiges Doppelporträt zeigt den in Brügge lebenden Kaufmann **Giovanni Arnolfini** aus Florenz und seine Braut **Giovanna Cenami**, die sich das Eheversprechen geben. Es trägt daher den Titel *Die Arnolfini-Hochzeit* (1434; London, National Gallery). Der Ausblick auf eine Stadt und eine Flusslandschaft erstreckt sich im Hintergrund des Gemäldes *Die Madonna des Kanzlers Rolin* (um 1435; Paris, Louvre). Hier kniet der mächtige burgundische Hofbeamte vor der Madonna.

! Der Genter Altar

1430 vollendete Jan van Eyck ein monumentales Altarwerk, das sein älterer Bruder **Hubert** (um 1370–1426) begonnen hatte. Es befindet sich in der Kirche Sint Bavo in Gent. Bei geöffneten Seitenflügeln zeigen sich in Zwei Etagen zwölf Bildfelder: unten in der Mitte eine Landschaft mit der apokalyptischen *Anbetung des Lammes, darüber Gottvater zwischen Maria und Johannes dem Täufer,* flankiert von musizierenden Engeln sowie *Adam und Eva.* Diese beiden seitlichen Gestalten sind vermutlich die ersten Aktfiguren nach konkreten Modellen.

Der Genter Altar

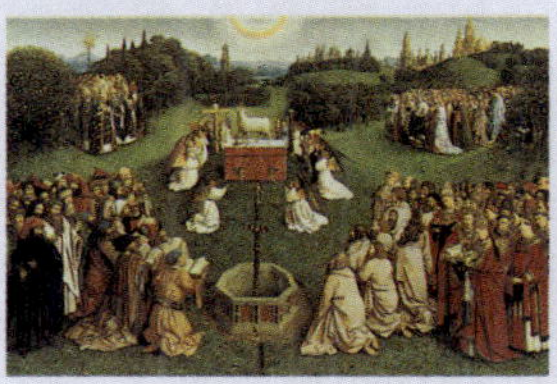

Antonio Pisanello

(eigentlich Antonio di Puccio Pisano)

! Lebensdaten

1395 Geburt in Pisa
um **1410** Ausbildung in Verona
1415–22 Tätigkeit in Venedig
1431/32 Tätigkeit in Rom
um **1440** Tätigkeit in Pavia
1443–45 Hofmaler des Lionello d'Este in Ferrara, danach an zahlreichen Fürstenhöfen in Italien tätig
1455 Tod vermutlich in Rom

Antonio Pisanello gehört zu den bedeutenden Künstlern, die sich im Übergang von der Spätgotik zur Renaissance sowohl der religiösen als auch der höfischen Malerei widmeten. Diese Erweiterung künstlerischer Aufgaben war mit einer Betonung von detailgenauen Darstellungen der Wirklichkeit verbunden und wird stilgeschichtlich als „Internationale Gotik" bezeichnet. Berühmt wurde Pisanello als Porträtist. In dieser Eigenschaft erneuerte er die antike Kunst von Medaillen mit dem Porträt herausragender Persönlichkeiten: Pisanello ist der erste bedeutende Medailleur der Neuzeit.

Verklärtes Rittertum

Im Übergang vom Mittelalter zur Neuzeit verlor das Rittertum zwar seine hervorragende Stellung, repräsentierte aber einen veredelten Lebensstil, der in Italien an den verschiedenen Fürstenhöfen gepflegt wurde. Die Bewunderung für edle Ritter übertrug sich in besonderem Maße auf die Heiligenlegenden und deren Darstellung. Ein Beispiel ist Pisanellos Wandgemälde *Der Aufbruch des hl. Georg zum Kampf mit dem Drachen* (um 1435) in der Kirche Sant'Anastasia in Verona.

Porträtkunst und Naturstudium

An den italienischen Fürstenhöfen von Mantua bis Neapel wurde Pisanello v. a. als Porträtist geschätzt. Charakteristisch sind Brustbilder im Profil. Ein Hauptwerk zeigt die Seitenansicht der *Ginevra d'Este* (1438–40; Paris, Louvre) vor einem Hintergrund aus blühenden Büschen mit Schmetterlingen. Dieses schmückende Beiwerk gründet sich auf Pisanellos umfangreiches Naturstudium, das insbesondere Pisanellos Tierzeichnungen dokumentieren.

! Die Vision des hl. Eustachius

Um 1440 schuf Pisanello ein Gemälde zur Eustachius-Legende, das sich in der National Gallery in London befindet: Dem späteren Märtyrer Eustachius erscheint im Wald ein Hirsch, der im Geweih ein leuchtendes Kruzifix trägt. Dieses Motiv wurde später in die Legende vom hl. Hubertus übernommen. Für Pisanello bot das Thema eine Gelegenheit, seine Tierstudien zur Geltung zu bringen, und es entstand eine märchenhafte Szene mit Rehen, Hase, Hunden, Kranichen und dem Pferd des kostbar gekleideten Eustachius in einem geheimnisvollen dunklen Wald.

Stephan Lochner

Stephan Lochner ist der herausragende Meister der Kölner Malerschule des Spätmittelalters. Zwar sind keine Zeugnisse über seine Ausbildung überliefert, doch ist zu vermuten, dass er im Umkreis

Lebensdaten

um **1440** Geburt, vermutlich in Meersburg am Bodensee
um **1430** Wanderjahre in den Niederlanden und in Westfalen
1442 Erste Urkunde über Lochners Tätigkeit in Köln
1447/48 Kölner Ratsherr
1451 Tod in Köln

des **Jan van Eyck** (um 1390–1441) die niederländische kostbare Feinmalerei kennen gelernt hat. Lochner und seine Werkstatt schufen religiöse Werke der Tafel- und Buchmalerei. Die ersten Einkünfte in Köln bezogen sich allerdings auf Lochners Beteiligung am Festschmuck der Stadt, als **Kaiser Friedrich III.** 1442 das heilige Köln besuchte.

Das Weltgericht

Das bedeutendste unter Lochners Altarwerken entstand wohl um 1435 und befindet sich im Kölner Wallraf-Richartz-Museum. Das Mittelbild zeigt in streng symmetrischer Anordnung vor Goldgrund Christus zwischen den Fürbittern Maria und Johannes dem Täufer; ihre Gewänder ergeben den Dreiklang aus Rot, Blau und Grün. Die Sockelzone der Erde ist mit den vergleichsweise winzigen Aktfiguren der Menschen gefüllt, die im Jüngsten Gericht ihre Gräber verlassen. Links halten die Gerechten durch ein sehr prächtiges Tor Einzug ins Paradies. Rechts werden die Ungerechten von grässlichen Teufeln in den Höllenrachen gestoßen. Die heute in München und Frankfurt a.M. aufbewahrten Seitenflügel schildern die qualvollen Martyrien der zwölf Apostel sowie der Heiligen. Kennzeichnend sind der Detailrealismus und die farbliche Intensität.

Andachtsbilder

Neben Flügelaltären für Kirchen entstanden Gemälde, die in vornehmen Bürgerhäusern der privaten Andacht dienten. Das schön-

Das Kölner Dombild

1164 wurden die Reliquien der Heiligen Drei Könige von Mailand nach Köln überführt und in einem goldenen Schrein aufbewahrt. Ebenso berühmt wurde Lochners Dombild: Ein Flügelaltar mit der Huldigung der Kölner Schutzheiligen vor der Madonna mit dem Jesuskind in Bethlehem. Die Seitenflügel zeigen den hl. Gereon und die hl. Ursula, jeweils mit Gefolge. Dieses kostbar ausgeführte Bild entstand um 1445 für die Kapelle der Kölner Ratsherren und wurde bereits 1810 in die Marienkapelle des erst 1880 vollendeten Kölner Doms überführt.

ste dieser Andachtsbilder von Lochner zeigt die *Muttergottes in der Rosenlaube* (um 1450; Köln, Wallraf-Richartz-Museum): Vor einem Rosenspalier und einem Vorhang aus Goldbrokat hat sich die gekrönte Himmelskönigin Maria mit dem Jesuskind auf einer Rasenbank niedergelassen. Entsprechend dem Bedeutungsmaßstab überragen Mutter und Sohn eine im Halbkreis angeordnete Gruppe musizierender Engel. Von höchster malerischer Qualität ist die Wiedergabe aller Details sowie des weit ausgebreiteten blauen Gewandes der Madonna.

Hieronymus Bosch

(eigentlich Hieronymus van Aken)

! Lebensdaten

um **1450** Geburt in 's-Hertogenbosch
um **1465** Ausbildung in der Werkstatt des Vaters
1474 Erste urkundliche Erwähnung
um **1480** Eröffnung der eigenen Werkstatt
1485/86 Mitglied der Bruderschaft „Unserer lieben Frau"
um **1505** Arbeit an einem Jüngsten Gericht für Herzog Philipp den Schönen von Burgund
1516 Tod in 's-Hertogenbosch

Der Sohn des Malers **Anthonius van Aken** gewann bereits bei seinen Zeitgenossen den Ruf als Erfinder Furcht erregender Erscheinungen. Seine religiösen, zugleich aber rätselhaften und vieldeutigen Werke sind wohl v. a. Ausdruck eines Krisenbewusstseins im Spätmittelalter, in dem das christliche Weltbild, wie es die Kirche vertrat, zunehmend fragwürdig wurde. Kunstgeschichtlich gilt Hieronymus Bosch als Hauptmeister der fantastischen Malerei und als ein früher Vorläufer des Surrealismus der 1920er-Jahre.

Versuchungen

Ein charakteristisches Hauptwerk ist das Triptychon *Die Versuchungen des hl. Antonius* (um 1500; Lissabon, Museu Nacional de Arte Antiga). Zugrunde liegt die Legende vom **Einsiedler Antonius**, der den Versuchungen durch den Teufel widerstand. Doch an die Stelle des Teufels tritt im Bild ein Heer aus monströsen Mischwesen, aus menschlichen und tierischen Körperteilen. Sie bevölkern auf der Mitteltafel und den beiden Seitenflügeln drei unterschiedliche Schauplätze mit bizarren Bauwerken vor einer weiten Landschaft, sodass der Eindruck entsteht, als sei die ganze Welt in der Gewalt widerlicher Spukgestalten. Auf dem linken Flügel entschwebt Antonius in das von grotesken Fischen durchkreuzte Blau des Himmels. Selbst Bilder, die sich eng an die Bibel halten, enthalten etwas Spukhaftes: Beim Gemälde *Johannes auf Patmos* (Berlin, Gemäldegalerie) versucht ein Kobold, das Tintenfässchen des Evangelisten und Autors der Offenbarung umzuwerfen.

Himmel und Hölle

Die traditionelle Symmetrie bei dreigliedrigen Altarbildern, den Triptychen, hob Bosch insofern auf, als sich von links nach rechts ein Weg ergibt. Er führt beim Triptychon *Der Heuwagen* (um 1490; Madrid, Prado) von der Vertreibung aus dem Paradies über das Bild der Nichtigkeit aller irdischen Güter, die auf der Mitteltafel ein riesiger Heuwagen symbolisiert, zur Bestrafung der Todsünden. Diesen Heuwagen, den zwei Fische ziehen, umgeben Szenen der Gewalt und Niedertracht. Ihm folgen Kaiser und Papst, die ebenfalls nach Macht und Reichtum streben und somit der Strafe entgegenziehen. Bei geschlossenen Flügeln zeigt sich das Bild eines zerlumpten Wanderers auf dem Weg durch die Gefahren der Welt. Ein Spiegelbild der Menschheit bietet das Gemälde *Das Narrenschiff* (um 1490; Paris, Louvre).

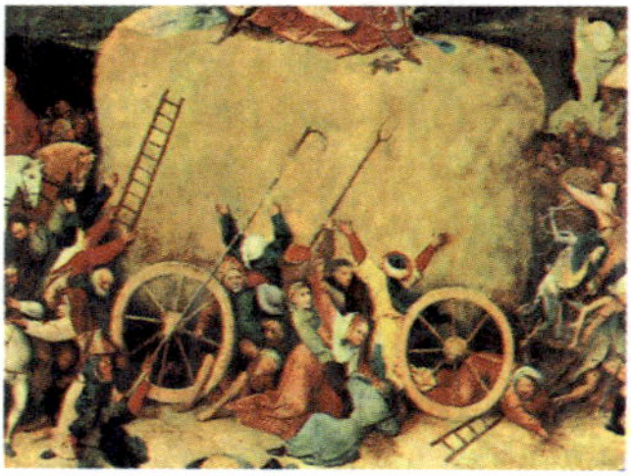

Der Heuwagen

! Der Garten der Lüste

Das rätselhafteste Werk ist ein um 1510 entstandenes Triptychon (Madrid, Prado), das den wohl irreführenden Titel Der Garten der Lüste erhalten hat. Er bezieht sich scheinbar auf die erotischen Motive in der Darstellung von nackten Paaren im Vordergrund, die von durchsichtigen Hohlkörpern wie gläsernen Fruchtkapseln umschlossen sind; riesige Vögel überragen die Menschlein. Vier Flüsse gliedern die weit in den Hintergrund führende Landschaft und legen die Deutung der Mitteltafel als einzigartige Darstellung des Paradieses nahe, denn die Bibel berichtet vom Ursprung der vier Paradiesflüsse im Garten Eden, aus dem die ersten Menschen nach dem Sündenfall vertrieben wurden. Schildert Boschs so genannter *Garten der Lüste* eine paradiesische Welt mit unschuldigen Menschen? Ihre Erschaffung zeigt der linke Flügel, während sich der rechte Flügel einer deformierten und zerstörten, in Brand gesteckten Welt widmet.

Renaissance

Der Begriff bezeichnet die abendländische Kunst- und Kulturgeschichte am Beginn der Neuzeit. Die Bedeutung Wiedergeburt bezieht sich allgemein auf eine Erneuerung der Kunst nach dem angeblich „finsteren Mittelalter". Im engeren Sinne ist eine Wiedergeburt der Antike gemeint, deren kulturelles Erbe ab dem 15. Jh. in Italien wiederentdeckt und als Maßstab des eigenen Schaffens geschätzt wurde. Dies bedeutete aber nicht, dass die christliche Tradition des Mittelalters abbrach.

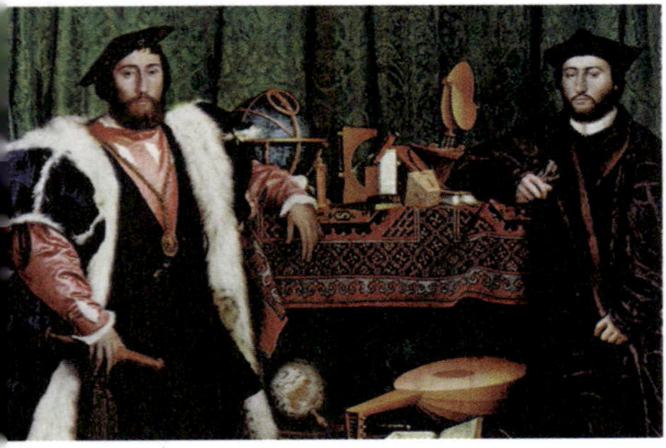

Holbein: Die Gesandten

Wiederentdeckung antiker Mythologie

Vielmehr ging es den Künstlern und Gelehrten um eine harmonische Verbindung zwischen Antike und Christentum, verbunden mit einer neuen Auffassung von der individuellen Würde des gebildeten Menschen im Sinne eines weltoffenen Humanismus, der die Gleichwertigkeit unterschiedlicher Kulturen anerkennt. Zwar blieben Altäre und christliche Andachtsbilder eine Hauptaufgabe der Malerei, doch gewann die Darstellung von Themen aus der antiken Mythologie mit Gestalten aus der heidnischen Götter- und Sagenwelt wachsende Bedeutung. Die neue Wertschätzung der Individualität führte zu einer Blütezeit der Porträtkunst und bedeutete zugleich, dass die Künstler nun auch als Persönlichkeiten geachtet wurden.

Zeitlich wird zwischen Frührenaissance im 15. Jh. (Zentrum Florenz) und Hochrenaissance in der ersten Hälfte des 16. Jh. (Zentrum Rom) unterschieden. Die anschließende Spätrenaissance wird auch als – europaweit verbreiteter – Manierismus bezeichnet.

Kunst und Wissenschaft

Unter dem Einfluss der vielfach durch die Araber vermittelten antiken Überlieferung lösten sich die

Wissenschaften von ihrer theologischen Bevormundung. Der unvoreingenommene Forschergeist erneuerte und erweiterte die Naturwissenschaften und stellte damit auch die Malerei vor die Aufgabe, neuen Erkenntnissen der sinnlichen Wahrnehmung gerecht zu werden.
Neu waren v. a. die anatomischen Kenntnisse, die einer Erneuerung der antiken Aktkunst zugute kamen. Das physikalische Weltbild wurde tief greifend durch die Entdeckung des westlichen Seewegs nach Ostasien erweitert, beginnend mit der Wiederentdeckung von Amerika als viertem Kontinent durch **Kolumbus** 1494. Damit war ein Beweis für die Kugelgestalt der Erde erbracht und zugleich die Schreckenszeit der nahenden kolonialen Ausbeutung eingeleitet.

Die Perspektive

Die nachhaltigste Wirkung des Zusammenhangs zwischen Kunst und Wissenschaft ergab sich in der exakten, mathematisch konstruierten Wiedergabe von Räumlichkeit, die sich im 15. Jh. noch auf die Seherfahrung gestützt hatte. Nun entstand die Technik, den dreidimensionalen Raum auf die zweidimensionale Bildfläche oder Wand zu projizieren. Hierzu dienten parallele Fluchtlinien, deren Abstände sich bei zunehmender Entfernung verringerten; bei der Zentralperspektive trafen die Fluchtlinien in einem Punkt etwa in der Mitte der Bildfläche zusammen. Es entstand ein unsichtbares Raumgerüst, das mit mathematischer Präzision den wirklichkeitsgetreuen Eindruck von räumlicher Tiefe erweckte.
Das Bild glich dem Blick durch ein Fenster. Das Raumgerüst entschied über alle Größenverhältnisse gemäß der Nähe oder Ferne der Figuren und Gegenstände, während im Mittelalter der Bedeutungsmaßstab festlegte, was wichtig und daher groß, was nebensächlich und daher klein darzustellen war. Nun mussten die Maler andere Techniken entwickeln, um auf dem Gemälde das Bedeutende vom Unbedeutenden zu unterscheiden.

? Schon gewusst?

Der Begriff Renaissance geht wie der Begriff Gotik auf **Giorgio Vasari** zurück. Der „italienische Vater" der Kunstgeschichte sprach im 16. Jh. von einer rinascità (Wiedergeburt) der Kunst in Italien bereits seit dem 14. Jh. Der italienische Begriff lautet im Französischen renaissance und wurde in dieser Form als Epochenbezeichnung in die deutschsprachige Kunst- und Kulturgeschichte übernommen.

Meister der Renaissance

Sandro Botticelli (1444/45–1510)
Leonardo da Vinci (1452–1519)
Matthias Grünewald (um 1470/80–1528)
Albrecht Dürer (1471–1528)
Lucas Cranach d. Ä. (1472–1553)
Michelangelo (1475–1564)
Raffael (1483–1520)
Tizian (um 1488–1576)
Hans Holbein d. J. (1497–1543)
Pieter Bruegel d. Ä. (um 1525/30–1569)
El Greco (um 1541–1614)

Sandro Botticelli

(eigentlich Alessandro di Mariano Filipepi)

Lebensdaten

1444/45 Geburt in Florenz
1458 Lehre bei einem Goldschmied
1464 Eintritt in die Werkstatt von Filippo Lippi
1470 Eröffnung der Werkstatt in Florenz
1473 Mitglied der Lukasgilde
1474 Tätigkeit in Pisa
1481/82 Tätigkeit in Rom
um **1494** Anhänger des Bußpredigers Savonarola
1510 Tod in Florenz

Der Hauptmeister der toskanischen Frührenaissance widmete sich in gleicher Weise den traditionellen christlichen Themen und den neuen Themen aus dem heidnischen bzw. vorchristlichen Altertum, die zum humanistischen Bildungsgut der bürgerlichen Elite, z. B. der **Familie Medici**, in Republiken wie dem Stadtstaat Florenz gehörten. Botticelli selbst stammte als Sohn eines Gerbers aus dem Stand der Handwerker. Sein Künstlername ist vom Spitznamen seines älteren, zum Makler aufgestiegenen Bruder abgeleitet, der wegen seines Körperumfangs „in Botticelli" (das kleine Fass) genannt wurde. Eine deutliche Zäsur in seiner Entwicklung bedeuteten die Predigten des Dominikanermönchs **Girolamo Savonarola** (1452–1498), der in Florenz einen Gottesstaat errichten wollte und auf Betreiben des Papstes hingerichtet wurde. Unter Savonarolas Strafpredigten gegen allen Luxus soll Botticelli eigene Werke auf den Scheiterhaufen geworfen haben. Er blieb jedoch bis zu seinem Lebensende als hoch geschätzter Maler tätig, wobei christliche Themen wie die *Beweinung Jesu* (um 1495; München, Alte Pinakothek) entstanden. Stilistische Merkmale sind eine leuchtende Farbgebung und eine klare Konturierung im so genannten Linienstil, der auch Botticellis Zeichnungen prägt.

Das Bild der Frau

Botticellis zentraler Themenbereich sind die Schönheit, Weisheit, Tapferkeit und Würde der Frau. Hier besitzt das traditionelle Marienbild eine ähnliche Bedeutung wie die Darstellung der alttestamentlichen Heldin Judith und antiker Göttinnen wie Athena bzw. Minerva, die den Kentaur zähmt, oder Venus, die Mars entwaffnet. Einen Höhepunkt des Frauenlobs bildet das allegorische Gemälde *Primavera* (*Der Frühling*, um 1478; Florenz, Uffizien). Es vereint die Liebesgöttin mit den drei Grazien und der bekränzten, in ein luftiges blumengeschmücktes Gewand gehüllten Flora. Dieser Allegorie liegen die antike Mythologie und ein zeitgenössisches Gedicht zugrunde.

Auftraggeber

Botticellis Hauptwerke entstanden im Auftrag der **Familie Medici** mit dem Bankier **Cosimo d. Ä.** an der Spitze. Ihn zeigt das als Altarbild entstandene *Dreikönigsbild* (um 1475; Florenz, Uffizien) in der Rolle des ältesten Königs bei der Huldigung vor Maria und dem Jesuskind in Bethlehem, während seine Söhne Piero und Giovanni als mittlerer und junger König ihre Gaben darbringen; zu den übrigen Personen gehört ein Selbstporträt des Malers, der sich auf diese Weise als Familienmitglied präsentiert. In Rom führte er

! Die Geburt der Venus

Im Auftrag der Medici schuf Botticelli um 1485 dieses mythologische Gemälde, das in gewisser Weise die Geburt der Renaissance zum Ausdruck bringt. Venus landet in einer Muschel an der Küste von Zypern, wo die Liebesgöttin im nächsten Augenblick in ein kostbares Gewand gehüllt wird. Noch zeigt sie sich jedoch in der vollendeten natürlichen Schönheit ihres Körpers. Das Antlitz der nach dem Vorbild antiker Statuen gestalteten Aktfigur zeigt die Züge von **Simonetta Vespucci**, der Geliebten von **Giuliano de Medici**.

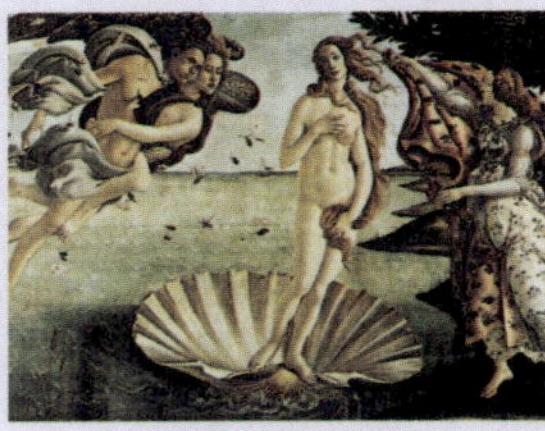

Die Geburt der Venus

einen Auftrag von **Papst Sixtus IV.** aus. Es handelt sich um drei Wandgemälde mit biblischen Themen in der Sixtinischen Kapelle, deren mittleres (*Die Bestrafung der Rotte Korah*) im Hintergrund den *Konstantinsbogen* zeigt und damit das Interesse am römischen Kunsterbe unterstreicht.

Leonardo da Vinci

! Lebensdaten

1452 Geburt in Vinci bei Florenz
ab **1469** Ausbildung in Florenz durch den Maler und Bildhauer Andrea del Verrocchio
1472 Mitglied der Lukasgilde in Florenz
1482–99 Hofkünstler des Herzogs Ludovico Sforza in Mailand
ab **1500** Tätigkeit in Florenz
1508 Rückkehr in das französisch besetzte Mailand
ab **1513** Aufenthalt in Rom
1516 Einladung des Königs Franz I. nach Frankreich
1519 Tod im Schloss Cloux bei Amboise an der Loire

Leonardo da Vinci verkörpert als Maler, Bildhauer, Kunsttheoretiker, Naturforscher und Philosoph, als Erfinder von mechanischen Geräten vom Flugapparat bis zum Unterwasserboot sowie durch Architekturentwürfe das Ideal des universell gebildeten schöpferischen Menschen. Als Schriftsteller verfasste er ein *Traktat über die Malerei* und arbeitete an einem Lehrbuch der Anatomie auf der Grundlage eigener Untersuchungen des menschlichen Körperbaus. Stand hier die Mechanik der Knochen, Muskeln und Sehnen im Vordergrund, so zeichnet sich Leonardos Malerei bei aller anatomischen Genauigkeit v. a. durch die Beseelung und verfeinerte Psychologie sowie die empfindungsreiche Darstellung der Natur aus. Seine Gemälde repräsentieren auf vollkommene Weise den Stil der italienischen Hochrenaissance.

Ein neuer Stil

Drei Marienbilder verdeutlichen Leonardos künstlerische Entwicklung: Die *Verkündigung an Maria* (um 1475; Florenz, Uffizien) entspricht noch der lichten Farbgebung und klaren Konturierung in der Frührenaissance. Bei der *Felsengrottenmadonna* (1483–86; Paris, Louvre, zweite Fassung in London) umhüllt das geheimnisvolle Dunkel einer Höhle Maria, das Jesuskind, einen Engel und den Johannesknaben. Beim Gruppenbild *Anna selbdritt* (1508–20) ergeben die hl. Anna, ihre Tochter Maria und ihr Enkelkind Jesus, das in kindlicher Spielfreude ein Lamm umarmt, ein harmonisches Dreieck. Im Hintergrund erstreckt sich eine Berglandschaft in die

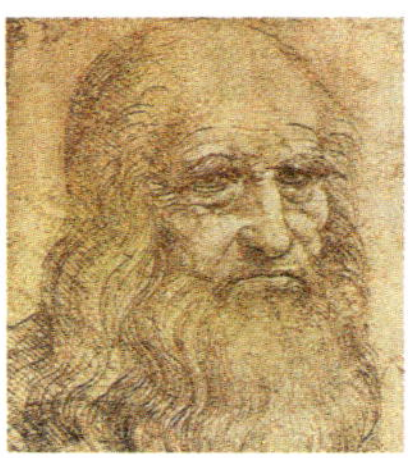

Selbstporträt

Mona Lisa

Einen erheblichen Anteil an Leonardos Gesamtwerk besitzen Frauenporträts. Das berühmteste unter ihnen entstand 1503–06 in Florenz und zeigt **Lisa de Giocondo**, die Frau des Kaufmanns **Francesco Giocondo**, und gehört zu den Schätzen des Louvre in Paris. Die zeitlose Faszination dieses Gemäldes geht von dem im Grunde nur angedeuteten Lächeln aus, dessen Rätselhaftigkeit ganz wesentlich durch das Sfumato der fernen Gebirgskulisse vertieft wird. Kompositorisch verbindet das Gemälde das harmonische Dreieck der Figur mit einer sehr leichten Drehung des Körpers bildeinwärts, wodurch jeglicher Eindruck von starrer Positur auf feine Art und Weise vermieden wird.

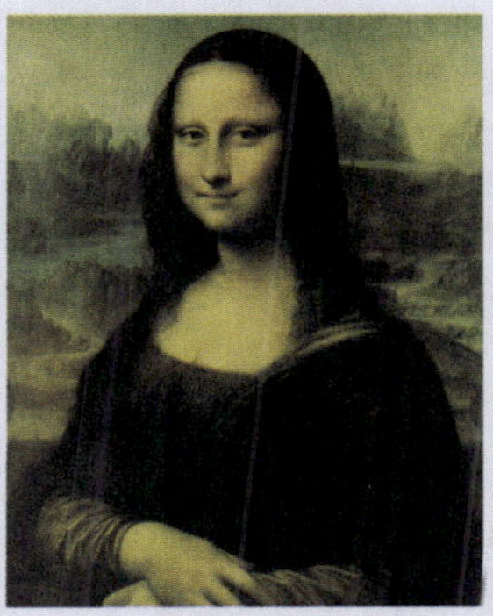

Mona Lisa

Tiefe, die in der Technik des sfumato (ital. Rauch) gestaltet ist und die natürliche Tiefenwirkung der zunehmend verschleierten Aussicht erzielt.

Zwölf menschliche Charaktere

Leonardos Hauptwerk in Mailand ist das Wandgemälde *Das letzte Abendmahl* (1495–98) im Speisesaal des Klosters Santa Maria delle Grazie. In einem zentralperspektivischen Raum treffen sich die Fluchtlinien beim Antlitz Jesu. Zu beiden Seiten ihres Herrn reihen sich hinter dem Abendmahlstisch je sechs Jünger in Dreiergruppen, die jeweils ein Dreieck ergeben. Diese strenge Symmetrie lässt zugleich Raum für die ausdrucksvolle Charakterisierung der unterschiedlichen Gemütsbewegungen, mit denen die zwölf Jünger auf die Worte Jesu reagieren, dass einer von ihnen ein Verräter ist. Im Antlitz Jesu spiegeln sich das Wissen um den Leidensweg, den er zu gehen hat, und eine unergründliche Sanftmut. Dieses Haupt wurde zum Inbegriff des Christusbildes. Das Gemälde war aufgrund einer ungewöhnlichen Maltechnik (Öl- und Temperafarben), die ein langsames Arbeiten gestattete, von Anfang an von der Selbstzerstörung bedroht. Es gehört jedoch zum Weltkulturerbe, und seine jüngste Restaurierung wurde 1999 abgeschlossen.

Matthias Grünewald

(eigentlich Matthis Neithardt, Nithart oder Gothardt)

! Lebensdaten

um **1470/80** Geburt, wohl in Würzburg
ab **1505** Hofkünstler der Mainzer Erzbischöfe in Aschaffenburg
1510–12 Tätigkeit in Frankfurt a. M.
ab **1511** Hofkünstler des Kardinals Albrecht von Brandenburg in Aschaffenburg
1512–16 Tätigkeit in Isenheim im Elsass
1520 Teilnahme an der Königskrönung Karls V. in Aachen
1526 Zuflucht als Lutheraner in Frankfurt a. M.
1527 Wasserkunstmeister in Halle (Saale)
1528 Tod in Halle (Saale)

Matthias Grünewald ist der neben seinem Zeitgenossen **Albrecht Dürer** bedeutendste deutsche Maler im ersten Viertel des 16. Jh., als die Renaissance von Italien aus allmählich nach Norden ausstrahlte. Grünewald ist aber kein Renaissancekünstler im engeren Sinne, sondern steigerte spätgotische Traditionen zu einzigartiger Ausdruckskraft, die ihn als einen Vorläufer des modernen Expressionismus erscheinen lässt. Dies betrifft v. a. die Kühnheit seiner Farbgebung, aber auch die Darstellung körperlicher Qualen in den Szenen der Passion. Gerade die gleichsam leidvolle Körperlichkeit seiner Figuren kennzeichnet Grünewalds Verbindungen mit der Kunst der Renaissance. Dies gilt auch für geometrische Kompositionsformen wie das aufgerichtete Dreieck, am deutlichsten bei der *Stuppacher Madonna* (um 1580; Pfarrkirche Mariä Himmelfahrt in Stuppach bei Bad Mergentheim).

Die Passion

Das zentrale Thema im Frühwerk Grünewalds ist Jesu Leidensweg zur Hinrichtung am Kreuz. In diesem Zusammenhang steht die *Verspottung Jesu* (vielleicht 1503; München, Alte Pinakothek): Mit beispielloser Brutalität wird der gefesselte Heiland gegeißelt. Jesus Augen sind verbunden, denn er soll weissagen, wer ihn geschlagen habe. Im Hintergrund begleitet ein Mann mit Trommel und Pfeife das Martyrium. Vermutlich entstand das Gemälde als Andachtsbild, das ein tief empfundenes Mitleiden mit dem Schmerzensmann hervorruft.

Ein Rollenporträt

Um 1520/25 schuf Grünewald ein Altarbild für die Kirche St. Moritz in Halle (Saale): *Die Heiligen Erasmus und Mauritius* (Mün-

Der Isenheimer Altar

1512–16 schuf Grünewald den weltberühmten Altar für das Antoniterkloster in Isenheim. Es ist ein Wandelaltar mit drei Schauseiten. Die erste bei geschlossenen Flügeln zeigt die in tiefster Qual dargestellte Gestalt Jesu am Kreuz, die zweite bei geöffneten Flügeln die *Verkündigung an Maria*, das *Engelskonzert* (eine mystische Szene mit Maria im Tempel), die *Maria mit dem Jesuskind* sowie das Osterbild der *Auferstehung* mit einer farblichen Skala von kühlem Braun, Grün und Blau bis zum warm leuchtenden Gelb um das Haupt des gleichsam entkörperlichten Christus.

Die dritte Schauseite zeigt den Schrein mit Figuren von **Nikolaus Hagenauer**, flankiert von zwei Szenen aus der Legende des hl. Antonius: die *Begegnung mit dem Eremiten Paulus* und die *Versuchung des hl. Antonius*, deren Dämonen jenen des Hieronymus Bosch gleichkommen.

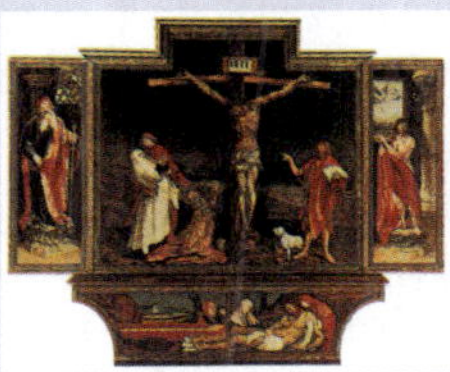

Isenheimer Altar

chen, Alte Pinakothek). Der Auftraggeber war **Albrecht von Brandenburg** (1490–1545), Erzbischof von Magdeburg und Mainz und ab 1518 Kardinal. Die Gestalt des kostbar gewandeten hl. Erasmus (um 300 Bischof von Antiochia) trägt die Gesichtszüge Albrechts, der gleichsam in die Rolle des frühchristlichen Bischofs von Antiochia (um 300) in der heutigen Südtürkei geschlüpft ist. Sein Gegenüber, der Afrikaner Mauritius, trägt als Anführer der legendären thebäischen Legion, einen prachtvollen Harnisch, wie ihn vielleicht Karl V. (Reg. 1519–56) bei seinem Einzug zur Königskrönung in Aachen 1520 getragen hat. Grünewald war als Begleiter Albrechts Zeuge dieses Ereignisses. Das Gemälde bezeugt Grünewalds herausragende malerische, und zugleich bis ins kleinste Detail präzise Darstellungsweise.

Albrecht Dürer

Albrecht Dürer ist der erste deutsche Künstler von europäischem Rang. Der älteste Sohn des aus Ungarn eingewanderten Goldschmieds Albrecht Dürer d. Ä. besuchte die Nürnberger Lateinschule und erhielt seine erste künstlerische Ausbildung in der väterlichen Werkstatt, dann bei dem Maler **Michael Wolgemut**

Lebensdaten

1471 Geburt in Nürnberg
1490–94 Wanderschaft (Colmar, Basel)
1494 Heirat mit Agnes Frey
1494/95 1. Italienreise (Venedig)
1495 Eröffnung der Werkstatt in Nürnberg
1505–07 2. Italienreise (Oberitalien)
1509 Nürnberger Ratsherr
1520/21 Reise in die Niederlande
1528 Tod in Nürnberg

(1434–1519). Als Leiter einer umfangreichen Werkstatt gewann Dürer ab etwa 1500 großes Ansehen; seine Auftraggeber reichten von Patrizierfamilien über den Kurfürsten von Sachsen bis zu Kaiser Maximilian I. Zu seinen engsten Freunden gehörten Nürnberger Humanisten. Als Grafiker fand er Bewunderung auch in Italien und den Niederlanden. Neben seiner Tätigkeit als Maler und Grafiker (Holzschnitte, Kupferstiche) verfasste Dürer Lehrbücher, die sich u. a. mit der Perspektive und mit den Proportionen der menschlichen Figur befassen.

Themen

In 30 Jahren entstanden viele bedeutende Altare und christliche Andachtsbilder. Diese Werkreihe reicht vom *Paumgartner-Altar* (1502–04; München, Alte Pinakothek) mit dem Bild der Geburt Jesu auf der Mitteltafel über das *Allerheiligenbild* (1508–11; Wien, Kunsthistorisches Museum) bis zu den *Vier Aposteln* (1526; München, Alte Pinakothek). Ein zweiter Themenbereich sind Porträts und Selbstporträts. Bereits mit 13 Jahren studierte Dürer sein eigenes Erscheinungsbild und hielt es in einer Zeichnung fest. Die genaue Beobachtungsgabe und Charakterisierung der jeweiligen Individualität der Männer und Frauen, die ihm Modell saßen, erweisen Dürers Künstlerpersönlichkeit im Geist der Renaissance.

Techniken

Den hohen Ansprüchen der Auftraggeber wurde Dürer durch die farbliche Brillanz seiner Ölmalerei

Adam und Eva

Diese beiden Aktfiguren entstanden 1507 unter dem Eindruck der italienischen Kunst. Die beiden Tafeln besitzt der Prado in Madrid. Zwar verweisen die Schlange und die Äpfel auf das Thema des Sündenfalls, doch entscheidend ist die ideale Darstellung der beiden ersten Menschen in Lebensgröße. Hier erweist sich Dürer als ein Meister der Aktkunst.

auf Holz gerecht. Die wirklichkeitsgetreue Darstellung von Figuren und Landschaften gründete sich auf einem intensiven Naturstudium. Dies bezeugen neben Zeichnungen auch farbige Studien als Aquarelle und mit Deckfarben. Die bekanntesten Studien sind der *Feldhase* und das *Große Rasenstück*; auch Krebse und Käfer weckten Dürers künstlerisches Interesse.

Lucas Cranach d. Ä.

(eigentlich Lucas Maler, Möller oder Müller)

Benannt nach seinem Geburtsort Kronach verkörpert Lucas Cranach d. Ä. den neuen Typus des Künstlers, der als Hofkünstler zugleich als selbstständiger Unternehmer mit einem großen Werkstattbetrieb tätig ist. In Wien verkehrte er im Kreis von Humanisten und gehörte stilistisch wie **Albrecht Altdorfer** (um 1482/85–1538) in Regensburg zur **Donauschule**, die sich der Landschaft als selbstständigem Thema oder wirkungsvollem Hintergrund widmete. Ein hervorragendes Werk aus dieser Zeit ist

Irdisches Paradies

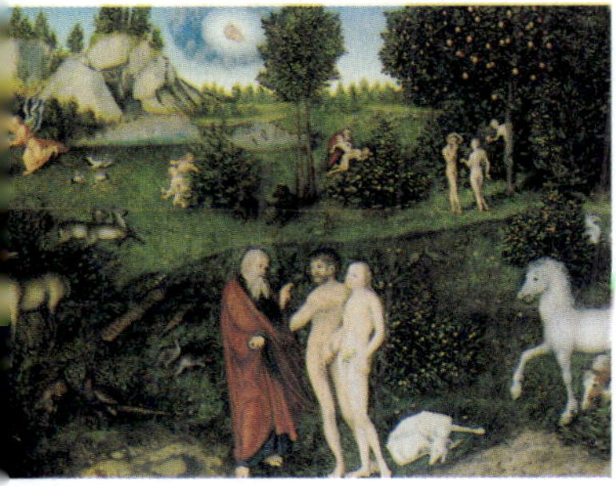

Lebensdaten

1472 Geburt in Kronach/Oberfranken
1500–04 Tätigkeit in Wien
1505 Berufung an den Hof in Wittenberg
1508 Reise in die Niederlande
um **1510** Bau eines Wohn- und Werkstattgebäudes in Wittenberg und Heirat mit Barbara Brengbier aus Gotha
1513 Geburt des Sohnes Hans, Weinhandel und -ausschank im Cranach-Haus
1515 Geburt des Sohnes Lucas Cranach d. J.
1519 Mitglied des Wittenberger Stadtrats (bis 1544)
1522 Einrichtung einer Druckerei
1525 Trauzeuge Martin Luthers
1544 Übertragung des Unternehmens Cranach auf den Sohn Lucas
ab **1550** Tätigkeit in Augsburg
1552 Niederlassung in Weimar
1553 Tod in Weimar

Cranachs *Klage unter dem Kreuz* (1503; München, Alte Pinakothek). In Wittenberg wurde Cranach zum Begründer der so genannten sächsisch-mitteldeutschen Malerei im 16. Jh.

Hofmaler der sächsischen Kurfürsten

Ab 1505 war Cranach in Wittenberg für **Friedrich III.** (1463–1525) und dessen zwei Nachfolger tätig, beginnend mit dem figurenreichen Triptychon *Martyrium der hl. Katharina* (1506; Dresden, Gemäldegalerie Alte Meister). Ab 1520 wuchs neben Porträts der Anteil profaner Themen. Sie reichten von Jagdszenen der höfischen Gesellschaft (*Hirschjagd*, 1529; Wien, Kunsthistorisches Museum) bis zu weiblichen Aktbildern unter dem Vorwand von Themen aus der antiken Mythologie. Ein Beispiel dieser Lustbilder ist *Cupido als Honigdieb* (1530; London, National Gallery) mit dem von Bienen gestochenen Cupido, der sich bei Venus ausweint. Diese ist lediglich mit einer Halskette und einem modischen Federhut geschmückt und erinnert an eine entkleidete Hofdame.

Luthers Hauskünstler

Kurfürst Friedrich III. schützte und unterstütze den Reformator **Martin Luther** (1483–1546), und so gehörte es im Grunde zu Cranachs Aufgaben als kursächsischer Hofmaler, sich zugleich in den Dienst einer reformatorischen religiösen Malerei zu stellen. Hieraus entwickelte sich eine enge Freundschaft, die sich u. a. in mehreren Porträts Martin Luthers und seiner Familienangehörigen spiegelt. Hinzu kamen Holzschnitte für die Ausgaben der *Lutherbibel* (ab 1522) sowie Gemälde, die Luthers Theologie der Erlösung allein durch den Glauben im Unterschied zur Religion der Gesetzestreue und guten Werke veranschaulichen.

! Der Jungbrunnen

1546, im Alter von 74 Jahren, schuf Lucas Cranach d. Ä. ein allegorisches Gemälde, das sich heute in der Berliner Gemäldegalerie befindet. Im Zentrum ist ein großes Wasserbecken, zu dem von links, vor dem Hintergrund einer kargen Felslandschaft, alte und kranke Frauen kommen. Rechts entsteigen dem Becken Mädchen, um in Zelten bekleidet zu werden. Hinter den Zelten gibt es auf einer Blumenwiese ein festliches Gelage mit Musik und Tanz. Eine Säule in der Mitte des Beckens mit den Gestalten Venus und Amor gibt zu erkennen, dass dieses Bad als Brunnen der Liebe zu verstehen ist: Liebe erfüllt den Traum von ewiger Jugend.

Nach dem Tod seines Vaters schuf **Lucas Cranach d. J.** (1515–1586) für die Schlosskirche in Weimar das Altarbild *Gesetz und Evangelium* (1555). Es zeigt unter dem Kreuz Jesu zwischen Johannes dem Täufer und Luther in anbetender Haltung Lucas Cranach d. Ä.

Michelangelo

(eigentlich Michelangelo Buonarroti)

! Lebensdaten

1475 Geburt in Caprese
1488 Lehrling der Maler Davide und Domenico Ghirlandaio in Florenz
1489 Lehrling eines Bildhauers in Florenz
1490 Hausgenosse im Palazzo Medici
1492 Rückkehr ins Elternhaus
1496 Erster Aufenthalt in Rom
1501 Rückkehr nach Florenz (Skulptur David)
1505 Zweiter Aufenthalt in Rom
1506 Rückkehr nach Florenz
1508 Dritter Aufenthalt in Rom
1520 Rückkehr nach Florenz
1534 Endgültige Niederlassung in Rom
ab **1546** Bauleitung der Peterskirche
1564 Tod in Rom, Überführung nach Florenz

In einem Zeitraum von sechs Jahrzehnten schuf Michelangelo in den beiden Kunstzentren Florenz und Rom ein überwältigendes Gesamtwerk als Maler, Bildhauer und Baumeister, aber auch als Dichter ging er in die Literaturgeschichte ein. Stilgeschichtlich umfasst sein Schaffen die Hoch- und Spätrenaissance, mit wesentlichen Einflüssen auf den Barock. Durch Michelangelo erhielt Rom eines seiner Wahrzeichen: die Kuppel der Peterskirche über dem als Zentralbau errichteten Westteil über dem Petrusgrab. Vollendet wurde die Kuppel allerdings erst nach Michelangelos Tod, und im 17. Jh. wurde dem Westteil das nach Osten – in Richtung der Stadt – gerichtete Langhaus angefügt.

Malerei eines Bildhauers

Michelangelo wurde unter den Zeitgenossen zunächst als Bildhauer berühmt, doch erwies er sich als ebenso herausragender Maler. Das gemeinsame Merkmal der aus Marmor gemeißelten und der gemalten Figuren ist ihre kraftvolle, durch dramatische Bewegungsmotive betonte Körperlichkeit. Dies gilt bereits für das frühe Rundbild (Tondo) *Die Heilige Familie* (1504; Florenz, Uffizien). Dieses Gemälde auf Holz zeichnet sich zugleich durch intensive Farben aus, die eine lebhafte Hell-Dunkel-Wirkung besitzen und dadurch die Falten der Gewänder plastisch modellieren. Auch Michelangelos Wandgemälde in der Technik der Freskomalerei auf feuchtem Verputz besitzen farbliche Brillanz. Sie trat Ende des 20. Jh. bei der Restaurierung der Sixtinischen Kapelle erneut zutage und widerlegt das lange verbreitete Urteil, Michelangelo habe in erster Linie gemalte Skulpturen ohne malerische Eigenschaften geschaffen.

Fresken in der Sixtina

In Verbindung mit dem Papstpalast hatte **Sixtus IV.** (Reg. 1471–84) die nach ihm benannte Sixtinische Kapelle errichten und an den Seitenwänden mit Gemälden (u. a. von Botticelli) ausstatten lassen. Nun schuf Michelangelo im Auftrag von **Julius II.** (Reg. 1503–13) ein gewaltiges Deckengemälde (1508–12; 13 x 26 m) mit einem differenzierten Bildprogramm: Neun rechteckige Bildfelder mit Szenen aus der Schöpfungsgeschichte und der Sintflut werden von weiteren alttestamentarischen Themen in den Stichkappen des Gewölbes von mächtigen Gewandfiguren (Propheten und Sibyllen) sowie Aktfiguren begleitet.

Zu Beginn seiner endgültigen Niederlassung in Rom führte Michelangelo einen bedeutenden Auftrag **Pauls III.** (reg. 1534–49)

! Erschaffung Adams

Die beiden berühmtesten Zeigefinger der Kunstgeschichte befinden sich in der Sixtina im Zentrum eines der Deckenbilder, das die Erschaffung bzw. Beseelung des ersten Menschen schildert. Der auf einem Hügel gelagerte Adam stützt sich auf und streckt den linken Arm Gott entgegen, der mit ausgestrecktem rechten Arm heranschwebt. Im nächsten Augenblick werden sich die beiden Zeigefinger berühren bzw. der Lebensfunke überspringen. Gott ist von Engeln und von einer Frau umgeben, die ihre Blicke auf Adam richtet. Es ist Eva, die auf diese Weise zugeführt wird. Diesem neuen Motiv folgt im nächsten Bild die traditionelle Darstellung der Erschaffung Evas aus dem schlafenden Adam.

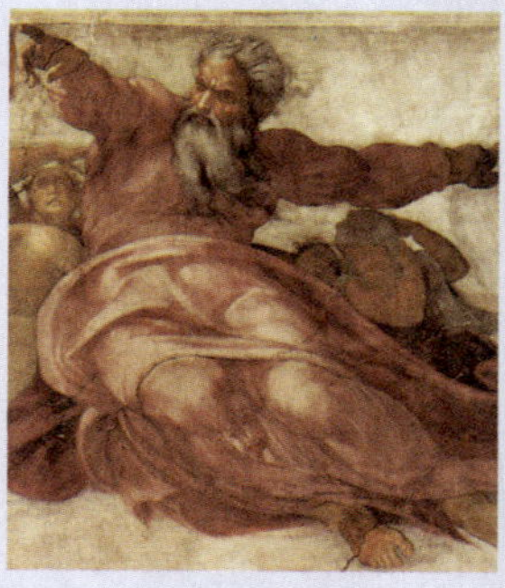

Die Erschaffung Adams

aus: Die Altarwand der Sixtina verwandelte sich in eine künstlerische Vision vom *Jüngsten Gericht* (1536–41) mit der gewaltigen Christusgestalt auf Wolken nach einem Vers im Matthäusevangelium: über das Kommen des Menschensohns in seiner Herrlichkeit (Mt. 25,31).

Noch zu Michelangelos Lebzeiten erregten die zahlreichen Aktfiguren des Freskos Anstoß, und dieses Hauptwerk der religiösen Wandmalerei entging schließlich nur der Zerstörung, indem ein Maler beauftragt wurde, Michelangelos Figuren durch hinzugefügte Gewandteile zu retuschieren.

Raffael

(eigentlich Raffaello Santi)

! Lebensdaten

1483 Geburt in Urbino
um **1500** Geselle Pietro Peruginos in Perugia
ab **1504** Tätigkeit in Florenz
1508 Einführung am päpstlichen Hof
ab **1514** Erweiterung seines Stabs von Mitarbeitern (u. a. Giulio Romano)
ab **1515** Konservator der antiken Altertümer in Rom
1520 Tod in Rom, Beisetzung im Pantheon

Obwohl Raffael bereits im Alter von 37 Jahren starb, schuf er ein umfangreiches Gesamtwerk, das als Vollendung der künstlerischen Ideale der Hochrenaissance bewundert wird. Diese Ideale beziehen sich auf den harmonischen Ausgleich aller Stilelemente wie flächige Bildgeometrie (Dreieck, Kreis) und Räumlichkeit, Detailrealismus und Gesamtkomposition, Statik und Dynamik, liebliche Anmut und ernste Würde. Das Ziel der Kunst bildete die Erhebung über die unvollkommene Wirklichkeit in ein Ideal der Schönheit, das eine höhere Realität repräsentiert. Dabei ging es Raffael, seinen Auftraggebern und Mitarbeitern zugleich um die Aufhebung des Gegensatzes zwischen Schein und Wirklichkeit. An die Grenzen eines harmonischen Ausgleichs der Gegensätze stößt Raffaels letztes Gemälde: *Die Verklärung Jesu* (Vatikanische Gemäldegalerie) mit den hilflosen Jüngern und dem besessenen Knaben am Fuß des Berges Tabor, über dem der Heiland in einer Lichtglorie schwebt.

Marienbilder und Porträts

Raffaels Ruhm begründeten Marienbilder, beginnend mit der *Vermählung Marias mit Josef* (1504; Mailand, Brera). Hier wird die Figurengruppe im Vordergrund von einem überkuppelten Zentralbau überragt, der als ideales Architek-

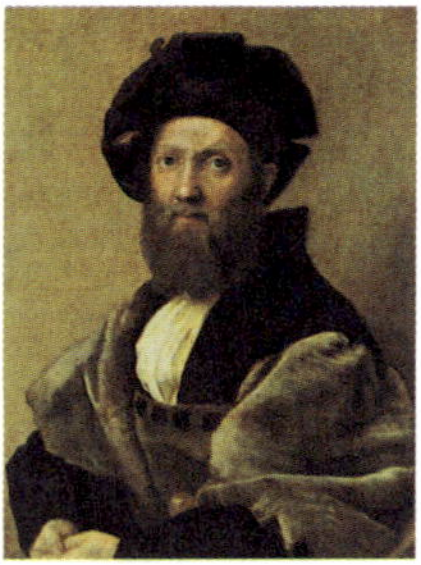

Baldassare Castiglione

turbild und Bild im Bild die ganze obere Hälfte des Gemäldes einnimmt.
Während seiner Tätigkeit in Florenz entstanden empfindsame Bilder Marias mit dem Jesuskind und dem Johannesknaben wie die *Madonna im Grünen* (1505/06; Wien, Kunsthistorisches Museum). Die Figurengruppe umschließt ein aufgerichtetes Dreieck und befindet sich vor einer lichterfüllten, tief in den Hintergrund geöffneten zarten Landschaft, die wesentlichen Anteil an der anmutigen Gesamtwirkung gewinnt.
Ähnliches gilt für das Porträt des Florentiner Kaufmanns *Agnolo Dorti* (1506) und seiner Frau *Maddalena Doni* (beide Florenz, Palazzo Pitti). Die hier erkennbaren psychologischen Charakterisierungen verstärken spätere Porträts, z. B. das des Schriftstellers *Baldassare Castiglione* (1515; Paris, Louvre) sowie *Papst Leo X. und zwei Kardinäle* (1518/19, Florenz, Uffizien).

! Sixtinische Madonna

Das berühmteste Werk der Dresdner Gemäldegalerie Alte Meister entstand um 1513 für eine dem hl. Sixtus I. geweihte Kirche in Piacenza. Diesem links im Vordergrund stehenden, mit den Gesichtszügen des Auftraggebers Julius II. dargestellten Papst und der rechts knienden hl. Barbara wird die Vision der Madonna mit dem Jesuskind zuteil. Die Gottesmutter schreitet auf Wolken heran, und ein zu beiden Seiten zurückgezogener Vorhang gibt der Himmelserscheinung den Charakter eines realen Schauspiels, ohne dessen heiligen Inhalt zu beeinträchtigen. Während Sixtus zu seiner Madonna aufblickt, senkt Barbara den Blick hinab zu zwei Engelchen, die mit kindlicher Neugier die Himmelserscheinung über ihren Köpfen beobachten.

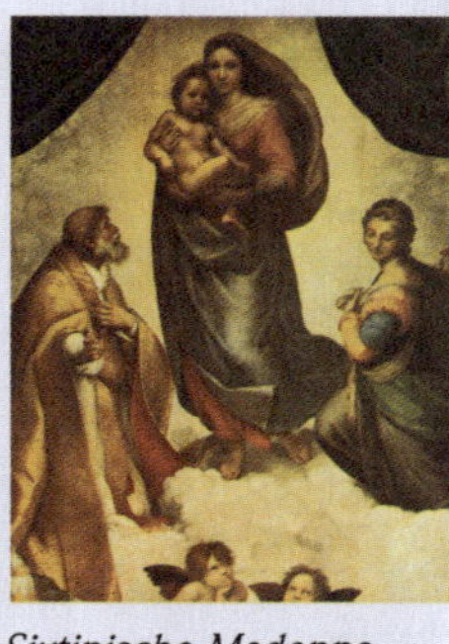

Sixtinische Madonna

Fresken im Papstpalast

1508 erteilte **Julius II.** (Reg. 1503–13) Raffael den Auftrag, die päpstlichen Privatgemächer, die Stanzen, mit Fresken auszuschmücken. Dieser Aufgabe widmeten sich Raffael und die wachsende Zahl seiner Mitarbeiter auch unter **Leo X.** aus der **Familie Medici** (Reg. 1513–21). Der in vier Räume verteilte Zyklus beginnt in der Stanza della Segnatura mit vier allegorischen Monumentalfresken. Ihre Themen sind die Poesie (*Der Parnass* mit Apollo), die Philosophie (*Die Schule von Athen* mit Plato und Aristoteles) und die Theologie (*Disputà* zu Ehren der Eucharistie). Diese und die weiteren Fresken faszinieren durch die geordnete Fülle, die Vielfalt der Motive und Anspielungen auf historische und zeitgeschichtliche Personen und Ereignisse, mitunter in Verbindung mit biblischen Themen.

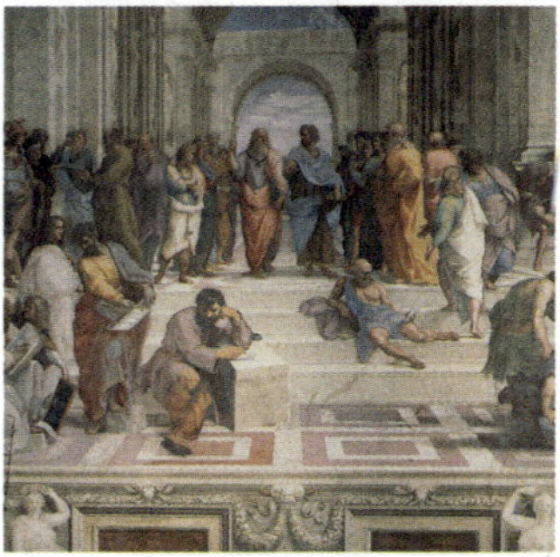

Die Schule von Athen

Tizian

(eigentlich Tiziano Vecellio)

! Lebensdaten

um **1488** Geburt Pieve di Cadore im Veneto
um **1500** Lehre bei einem Mosaizisten in Venedig
1502–07 Schüler von Giovanni Bellini und Giorgione
1513 Eröffnung der eigenen Werkstatt in Venedig
1424 Geburt des Sohnes Pomponio
1525 Heirat mit der Haushälterin (ab 1513) Cecilia, Geburt des Sohnes Orazio
1529 In Bologna erstes Zusammentreffen mit Karl V., der Tizian 1533 zum Ritter vom Goldenen Sporn erhebt und somit adelt
1530 Geburt der Tochter Lavinia
1545 Reise mit Orazio nach Rom
1548 Teilnahme am Reichstag in Augsburg (ebenso 1550/51)
1566 Mitglied der Accademia dell'Disegno in Florenz
1576 Tod in Venedig, Beisetzung in der Frarikirche

Tizians Gemälde bilden den Höhepunkt der in Venedig in hohem Maße kultivierten malerischen statt zeichnerischen, auf klare Konturen bedachten Gestaltungsweise. Die typisch venezianische, gleichsam lichtgetränkte Farbgebung hatten Tizians Lehrmeister **Giovanni Bellini** (um 1430–1516) und **Giorgione** (um 1478–1510) verfeinert. Mit gutem Grund ist Tizian der einzige Maler, nach dem ein bestimmter Farbton – das Tizianrot – benannt wurde. Tizian erlangte die höchsten Ehren, die einem Künstler zugebilligt wurden, und sein Einfluss reichte europaweit bis in die Epoche des Barock.

Biblische und antike Mythologie

Tizians erstes Aufsehen erregendes Werk entstand 1516–18 für die Frarikirche (Franziskanerkirche Santa Maria Gloriosa) in Venedig. Das knapp sieben Meter hohe Altarbild zeigt die *Himmelfahrt Mariä*: Die leuchtend rot gewandete Gottesmutter schwebt über ihrem geöffneten Sarkophag, den die Apostel im geradezu ekstatischen Ausdruck höchster Verwunderung umringen. Den Hintergrund bildet in der Himmelsregion eine malerische Lichtfolie. Bis ins Spätwerk reichen die religiösen Werke, zuletzt die skizzenhaft anmutende, absolut malerische *Dornenkrönung* (1576; München, Alte Pinakothek).

Daneben überwogen zeitweise Aufträge wie der von **Alfonso d'Este**. Für sein Schloss in Ferrara entstand ab 1516 ein Zyklus aus 13 Szenen der antiken Mythologie; am berühmtesten ist die *Begegnung von Bacchus und Ariadne auf Naxos* (1520–23; London, National Gallery). Meisterwerke der Aktkunst mit überwiegend farblicher Modellierung des in warmes Licht gehüllten weiblichen Körpers sind die beiden Fassungen der *Danae* (1545; Neapel, Museo di Capodimonte; 2. Fassung 1553/54; Madrid, Prado).

In höfischen Diensten

Alfonso d'Este stand am Anfang einer Reihe hochrangiger Auftraggeber bis hinauf zu Papst **Paul III.** (Reg. 1534–49) und **Karl V.** (Reg. 1519–56), die Tizian v. a. als Porträtmaler in Anspruch nahmen. Eine Anekdote berichtet, der Kaiser habe sich bei einer Porträtsitzung erhoben, um den Pinsel auf-

Karl V. nach der Schlacht bei Mühlberg

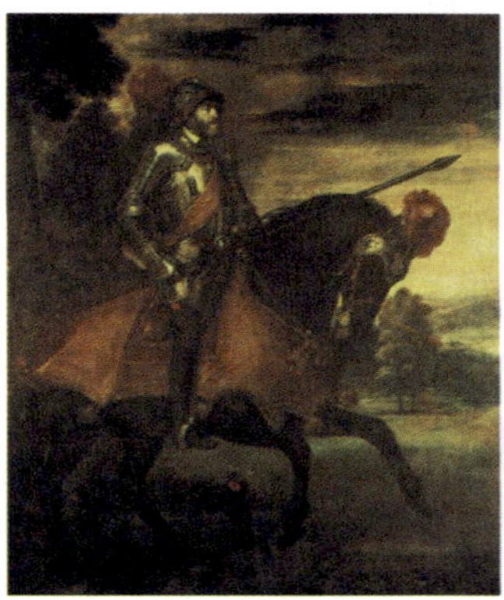

zuheben, der Tizian entfallen war. Tizians monumentalstes Porträt ist das Reiterbildnis *Karl V. nach der Schlacht bei Mühlberg* (1548; Madrid, Prado); es zeigt den Sieger, allerdings allein und vor dem Hintergrund einer Landschaft bei Sonnenuntergang, der geradezu eine melancholische Gemütsregung des Kaisers widerzuspiegeln scheint. Auch Karls Sohn **Philipp II.** (reg. 1556–1598) gehörte zu Tizians Auftraggebern. Für ihn entstand eines der Gemälde *Venus und der Orgelspieler* (u. a. in Berlin, Gemäldegalerie), wobei nicht auszuschließen ist, dass der spanische König den allegorischen Orgelspieler verkörpert.

! Venus von Urbino

Die Dresdener Gemäldegalerie Alte Meister besitzt ein Aktbild, das den Vergleich mit einem Werk Tizians in den Uffizien in Florenz herausfordert. Es handelt sich hierbei um **Giorgiones** *Schlummernde Venus* in einer Landschaft. Die gleichsam in die Natur eingebettete Liebesgöttin erwacht als Tizians *Venus von Urbino* (1538) in ihrem Schlafgemach. Im Hintergrund kümmern sich Dienerinnen um die Kleidung ihrer Herrin, bei der es sich wohl um die Geliebte des Herzogs von Urbino handelt.

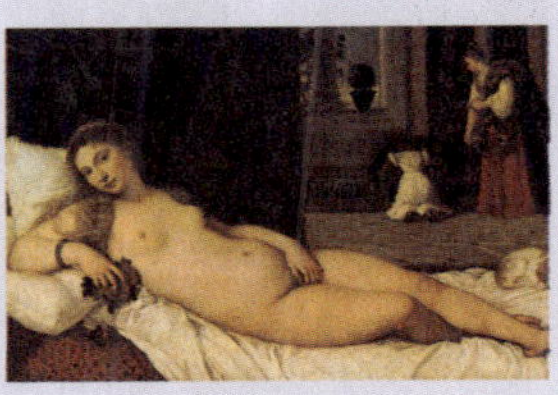

Venus von Urbino

Hans Holbein d. J.

! Lebensdaten

um **1497** Geburt in Augsburg
um **1520** Ausbildung in der Werkstatt des Vaters Hans Holbein d. Ä.
1513/14 Wanderschaft mit dem Bruder Ambrosius
ab **1515** Tätigkeit in Basel
1518/19 Studienreise in die Lombardei
1519 Aufnahme in die Basler Malergilde
1520 Heirat mit Elisabeth Schmid
1524 Frankreichreise, dann Rückkehr nach Basel
ab **1532** Tätigkeit in London
ab **1536** Hofmaler Heinrichs VIII.
1543 Tod in London

Der Sohn des Malers Hans Holbein d. Ä. (um 1465–1524) und Bruder des Malers **Ambrosius Holbein** (um 1494–um 1519) löste sich aus den spätmittelalterlichen Traditionen seiner Künstlerfamilie und entwickelte sich zum Porträtmaler von europäischem Rang. Wesentlichen Anteil an seiner Weltsicht, die als kühle Beobachtung wirkt, besaß die Freundschaft mit Humanisten wie **Erasmus von Rotterdam** (1466–1550) in Basel und **Thomas Morus** (1478–1535) in London.

Porträtkunst

Schon früh tat sich Holbein durch religiöse Darstellungen (*Christus in der Grabhöhle*, 1521; Basel, Kunstmuseum), v. a. aber durch Porträts hervor (*Erasmus am Schreibtisch*, 1523; Basel, Kunstmuseum). Beide Themenbereiche verbindet *Die Madonna des Basler Bürgermeisters Jacob Meyer zum Hasen* (1526; Darmstadt, Schlossmuseum). Es handelt sich um ein Gruppenporträt der Familie zu Füßen der Schutzmantelmadonna bei gemeinsamen Größenverhältnissen der realen Personen und der Gottesmutter. Holbeins Porträtkunst gipfelt in seinen Darstellungen von Mitgliedern des englischen Hofes einschließlich der Königin **Jane Saymour** (1536; Wien, Kunsthistorisches Museum), der 3. Gemahlin **Heinrichs VIII.** (Reg. 1509–1547) und des Königs selbst.

Gelehrte Bilderrätsel

Ein hervorragendes Beispiel für die Verbindung von höchster

! Kaufmann Georg Gisze

Zu den berühmtesten Gemälden der Berliner Gemäldegalerie gehört Holbeins Porträt (1532) eines aus Danzig stammenden Kaufmanns in seinem Arbeitszimmer im Stalhof der Londoner Niederlassung der Hanse. Ein meisterhaftes Detail bildet eine Glasvase mit Nelken, Rosmarin, Basilikum und Goldlack. Diese Blumen und Kräuter symbolisieren Charaktereigenschaften des 35-jährigen Georg Gisze (1497–1562) wie unwandelbare Liebe, Treue, Reinheit und Bescheidenheit. Die Pflanzensymbolik unterstützt die fein beobachtete Physiognomie eines besonnenen Mannes auf dem Höhepunkt seiner mit Wohlstand und gesellschaftlicher Achtung verbundenen Tätigkeit.

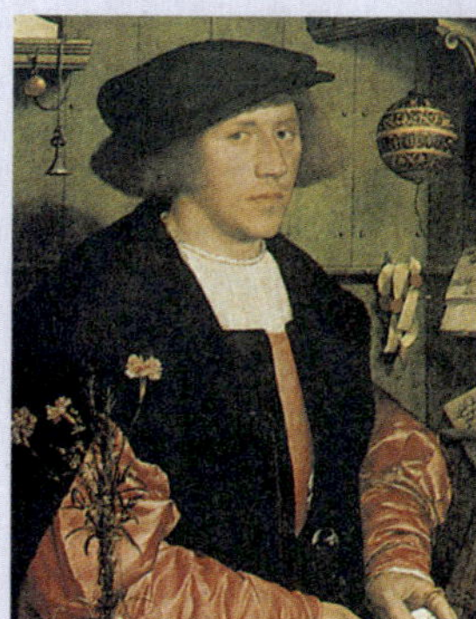

Der Kaufmann Georg Gisze

Kunstfertigkeit und verrätselten Bedeutungen ist das 1533 in London entstandene Doppelporträt *Die französischen Gesandten am englischen Hof* (London, National Gallery). Die beiden Diplomaten sind durch Gegenstände getrennt, welche die Wissenschaften und die Künste repräsentieren und somit den gesellschaftlichen Rang der Dargestellten kennzeichnen. Eingefügt ist ein anamorphischer, d. h. aus extremer Seitenansicht wiedergegebener und entsprechend verzerrter Totenschädel. Dieses Motiv symbolisiert die Vergänglichkeit aller irdischen Güter, Macht, Kenntnisse und Errungenschaften.

Pieter Bruegel d. Ä.

(auch Brueghel)

Pieter Bruegel d. Ä. ist der bedeutendste Maler der Niederlande im 16. Jh. und Stammvater einer Dynastie von Malern. Sein Gesamtwerk gliedert sich in ganz unterschiedliche Themenbereiche: Landschaften, die erstmals deutlich den Vorrang gegenüber den eingefügten Szenen gewinnen und die reine Landschaftsmalerei vorbereiteten, biblische Darstellungen, Volksszenen aus dem bürgerlichen Leben in der Stadt und dem bäuerlichen Leben auf dem Land. Seine Nachkommen waren in drei Generationen tätig, zuletzt

! Lebensdaten

1525/30 Geburt in Brabant oder in Breda
ab **1545** Ausbildung in Antwerpen
1551 Aufnahme in die Lukasgilde von Antwerpen
1552/53 Reise durch Frankreich und Süditalien nach Rom
1562 Übersiedlung von Antwerpen nach Brüssel
1563 Heirat mit Mayeken Coecke
1564 Geburt des Sohnes Pieter Bruegel d. J.
1568 Geburt des Sohnes Jan Bruegel d. Ä.
1569 Tod in Brüssel

Abraham Bruegel (1631–1697). Pieter Bruegels Sohn **Pieter d. J.** (1564–1638) wiederholte als „Höllenbruegel" bestimmte spukhafte Szenen des Vaters, während **Jan d. Ä.** (1568–1625) als „Blumenbruegel" meisterhafte Blumensträuße als Stillleben schuf und als Pflanzenspezialist von **Peter Paul Rubens** für verschiedene Aufträge in Anspruch genommen wurde.

Landschaften

Zu Bruegels populärsten Gemälden gehört die winterliche *Heimkehr der Jäger* (1565; Wien, Kunsthistorisches Museum). Es entstand im Auftrag eines Kaufmanns für seinen Stadtpalast in Antwerpen und gehört zu einem Zyklus, von dem fünf Teile erhalten sind.

Ursprünglich waren es wohl zwölf Monatsbilder. In diesem Zusammenhang repräsentiert die Schneelandschaft, durch die eine Gruppe von Jägern mit ihren Hunden stapft, den Januar. Erhalten sind auch die Monate Februar (*Düsterer Tag*; Wien), Juni (*Heuernte*; Prag, Nationalgalerie), August (*Kornernte*; New York, Metropolitan Museum of Art) und November (*Heimkehr der Herde*; Wien). Die Serie zeichnet sich auf einzigartige Weise durch die malerische, also farbliche Veranschaulichung der jeweils jahreszeitlichen Atmosphäre aus. Die Vogelperspektive, d. h. der Überblick von einem erhöhten Standort, gehört hier wie bei den meisten seiner Werke zu Bruegels Gestaltungsmitteln.

Dies gilt auch für Landschafen mit biblischen Themen (*Der Selbstmord Sauls*, 1662; *Der Turmbau zu Babel*, 1563; *Die Kreuztragung*, 1564; alle in Wien), für die Katastrophenlandschaft *Der Triumph des Todes* (1562; Madrid, Prado) oder die städtische Szenerie beim *Kampf des Karnevals gegen die Fasten* von 1559 und bei den *Kinderspielen* von 1560 (beide in Wien). Die Weiträumigkeit der Schauplätze ist mit einem gesteigerten Detailrealismus verbunden, der die niederländische Malerei seit dem Spätmittelalter auszeichnet.

! Die niederländischen Sprichwörter

„Wer mit dem Kopf durch die Wand will", handelt grob unvernünftig. Beim Spiel „bekommt der Narr die besten Karten" und trotzdem „scheißt er auf die Welt". Diese und rund 100 weitere sprichwörtliche Redensarten führt Bruegel in einem Gemälde von 1559 (Berlin, Gemäldegalerie) vor Augen, das den Titel tragen könnte: „Die verkehrte Welt". Die Szenerie beherrscht ein Wirtshaus, auf dessen Dach – wie beim Haus im *Schlaraffenland* (1567; München, Alte Pinakothek) – Pfannkuchen liegen, d. h. in einem „mit Fladen gedeckten Haus" herrscht Überfluss. Auch das vermutlich letzte Werk Bruegels, *Der Sturz der Blinden* (1568; Neapel, Museo di Capodimonte) beruht auf einem Sprichwort, das Jesus im Matthäusevangelium verwendet: „Wenn ein Blinder einen Blinden führt, werden sie beide in die Grube fallen" (Mt. 15,14). Hier wie bei Bruegel hat die Krankheit der Augen gleichnishaft die Bedeutung geistiger bzw. geistlicher Blindheit.

Der „Bauernbruegel"

Im Spätwerk vollzog sich ein überraschender Stilwandel, verbunden mit einer veränderten Thematik. Dies zeigen die *Bauernhochzeit*, die in einem Innenraum gefeiert wird, und der ebenfalls 1567 gemalte *Bauerntanz* (beide in Wien). Neu sind die räumliche Begrenzung und die entsprechende Größe der handelnden Figuren. Ihre lebensvolle und wirklichkeitsgetreue Gestaltung bezeugt Bruegel Anerkennung der hart arbeitenden und zu ausgelassenem Vergnügen fähigen Landbevölkerung und rechtfertigt in diesem Sinne seine Bezeichnung als „Bauernbruegel".

El Greco

(eigentlich Domenikos Theotokópoulos)

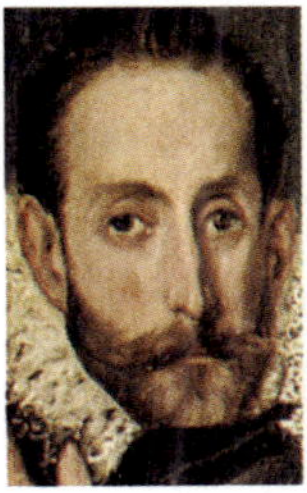

Der Maler mit dem auf seine Herkunft bezogenen Künstlernamen El Greco (Der Grieche) ist die herausragende Persönlichkeit der spanischen Kunst im späten 16. und frühen 17. Jh. Sein Anteil an der Wiederbelebung der Antike im Zeitalter der Renaissance beschränkt sich auf das späte Gemälde *Der Tod des Laokoon* (um 1610–14; Washington, National Gallery of Art), das als Gottesgericht den christlichen Themen verwandt ist. Eine Ausnahme ist auch die *Ansicht von Toledo* (um 1600; New York, Metropolitan Museum of Art), die aufgrund des drastischen Helldunkels am Himmel auch den irrtümlichen Titel *Gewitter über Toledo* erhalten hat. Größeren Anteil als die Landschaft und antike Mythologie besitzt die profane Porträtkunst. Ganz überwiegend erfüllte El Greco jedoch kirchliche bzw. für die Ausstattung von Kirchen bestimmte Aufträge. Sie bezeugen eine wieder erwachte Form der Religiosität im Zeichen der katholischen Gegenreformation als Reaktion auf die teilweise humanis-

! Lebensdaten

um **1541** Geburt in Candia auf Kreta
um **1560** Ausbildung in einer Klosterschule als Ikonenmaler
1566–69 Tätigkeit in Venedig in Tizians Werkstatt
1570 Aufenthalt in Rom
1577 Berufung durch Philipp II. nach Madrid (Ausstattung des Klosterschlosses El Escorial), danach Niederlassung in Toledo
ab **1580** Aufenthalt in Madrid
1582 Rückkehr nach Toledo
1614 Tod in Toledo

tisch geprägte protestantische Reformation.

El Grecos „Manier"

Aus den Erfahrungen, die der ehemalige Ikonenmaler in Venedig bei **Tizian** und in Rom unter dem Eindruck der Werke **Michelangelos** gewonnen hatte, entwickelte El Greco einen unverwechselbaren Stil. Seine Merkmale sind eine gleichsam glühende Farbgebung und eine neue Auffassung von Körperlichkeit, indem seine schlanken Gestalten ihre physische Existenz zu überwinden scheinen. Ein charakteristisches Beispiel ist die *Auferstehung Christi* (um 1584/94; Madrid, Prado): Die Altartafel vermittelt den Eindruck einer Explosion, wobei die Grabwächter mit verrenkten Gliedern zu Boden geschleudert werden, während die überlängte Christusgestalt pfeilartig emporschießt.

Himmel und Erde

Ein Leitthema ist die Unterscheidung zwischen der himmlischen und der irdischen Sphäre, die sich auf mystische Weise verbinden. Beispiele sind das figurenreiche Altarbild *Das Begräbnis des Grafen von Orgaz* (1586–88; Toledo, Santo Tomé) und das Spätwerk *Die Anbetung der Hirten* (1612–14; Madrid, Prado). Dieses Gemälde, das El Greco für sein Grabgewölbe in der Kirche Santo Domingo el Antiguo in Toledo schuf, gliedert sich in zwei Kreise aus den Menschen, die das Jesuskind umringen, und aus Engeln, die über dem Kind schweben. Die kräftigen Farben der Gewänder erstrahlen vor dunklem Hintergrund im Licht, das der neugeborene Erlöser ausstrahlt. Einer der im Vordergrund knienden Hirten gilt, wie der *Evangelist Lukas* (um 1605–10; Toledo, Kathedrale), als Selbstporträt.

? Schon gewusst?

Der Stilbezeichnung Manierismus liegt der italienische Begriff „maniera" in der Bedeutung „Gestaltungsweise" zugrunde, und zwar im Sinne einer gesteigerten Verwendung individueller Stilmittel, die wichtiger sind als allgemein gültige Gesetzmäßigkeiten. Die manieristische Kunst steht daher im Gegensatz zur klassischen. Die Unterscheidung betrifft die gesamte Kunstgeschichte, kennzeichnet aber v. a. das Verhältnis zwischen der klassischen Hochrenaissance und der manieristischen Spätrenaissance. Zu den typischen Vertretern des Manierismus im 16. Jh. gehört neben El Greco der aus Mailand stammende, in Prag als Hofmaler tätige **Giuseppe Arcimboldo** (1527–1593) mit seinen allegorischen Bildnissen aus Naturalien und Gegenständen.

Barock und Rokoko

Als der oder das Barock wird die abendländische Kunst und Kultur im 17. und frühen 18. Jh. bezeichnet. Daneben breitete sich barocke Kunst auch in den überseeischen Kolonien, z. B. in Mexiko, aus. Allerdings entwickelte sich die Barockkunst je nach Aufgabenbereich unterschiedlich: Während die höfische Kunst im Auftrag der Könige, Fürsten und des Adels überregionale Stilmerkmale besitzt, unterscheidet die kirchliche Kunst unter konfessionellen Gesichtspunkten. Im weitgehend protestantischen Norden verlor der religiöse Bilderkult seine Rechtfertigung, während im katholischen Süden sowohl die Heiligenverehrung als auch die prachtvolle Ausstattung mit Altären und Wandgemälden eine neue Blütezeit der religiösen bzw. kirchlichen Kunst hervorbrachten.

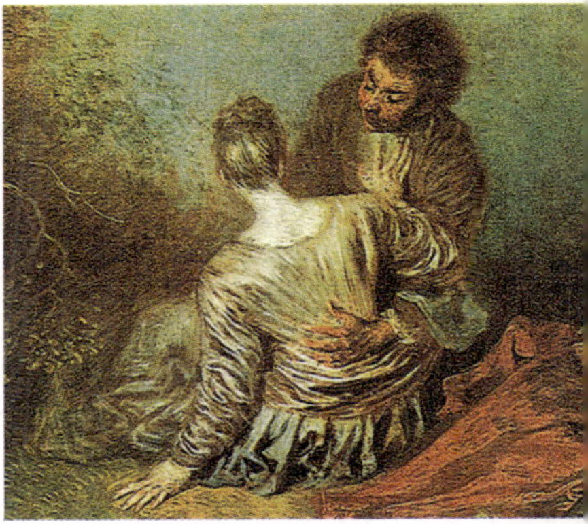

Watteau: Der Faux Pas

Regionale Eingrenzung

Dieser konfessionelle und künstlerische Regionalismus trennt auf engstem Raum die flämische Malerei in den südlichen katholischen, auch weiterhin noch spanischen Niederlanden von der holländischen Malerei in den nördlichen protestantischen, von Spanien inzwischen schon unabhängig gewordenen Teilen der Niederlande.

Auch das Rokoko gelangte nur im profanen Bereich ab etwa 1720 zur vollen Entfaltung, während die katholischen Kirchen und ihre Ausstattung im ausgehenden 18. Jh. zwar rokokoartige Elemente aufweisen, aber insgesamt dem Spätbarock angehören.

Themen

Im Barock blieb die Gleichwertigkeit von biblischen und antiken Themen erhalten; als Oberbegriff dient die Bezeichnung Historienmalerei. Daneben gewannen bestimmte Themenbereiche wachsende Selbstständigkeit und wurden von so genannten Fachmalern gestaltet: das Porträt, die Landschaft mit der Meereslandschaft als Seestück und der Vedute als Stadtansicht sowie das Stillleben vom Arrangement aus Pflanzen, Früchten, Speisen und Gefäßen bis zum Vanitas-Stillleben aus Symbolen der Vergänglichkeit von der Uhr bis zum Totenschädel.

Techniken

Die wesentlichen Unterschiede zur Malerei der Renaissance sind eine dramatische Steigerung der Wirkung von Licht und Schatten mit dem neuen Motiv des Nachtstücks bei Mondschein oder Kerzenbeleuchtung und eine Dynamisierung des Bildaufbaus durch schräge, fallende oder steigende Kompositionslinien. Eine zunehmende Perfektion der perspektivischen Konstruktionen ermöglichte insbesondere in der Wand- und Deckenmalerei verblüffende illusionistische Wirkungen in Form

? Schon gewusst?

Dem Begriff Barock liegt die portugiesische Bezeichnung „barocco" für eine unregelmäßig geformte, schiefe Perle zugrunde. Im 19. Jh. gewann Barock die abwertende Bedeutung schwülstig, und bis heute wird der pompöse Charakter bestimmter Teile der Barockkunst als unglaubwürdig, künstlich, ja geschmacklos empfunden.

? Schon gewusst?

Dem Begriff Rokoko liegt die französische Bezeichnung „rocaille" für Muschelwerk zugrunde. Diese Form ist ein Motiv der grazilen Dekorationen, die den Rokokostil ebenso charakterisieren wie die zarten Pastelltöne Rosa, Hellblau und Hellgelb oder die mit Weiß aufgehellte lila Farbgebung der Rokokomalerei, die vielfach wie gepudert wirkt.

! Meister im Barock und Rokoko

Caravaggio (1571–1610)
Peter Paul Rubens (1577–1640)
Artemisia Gentileschi (1593 – um 1651)
Diego Velázquez (1599–1660)
Claude Lorrain (1600–1682)
Rembrandt (1606–1669)
Jan Vermeer van Delft (1632–1675)
Jean-Antoine Watteau (1684–1721)
Giambattista Tiepolo (1696–1770)
Francisco de Goya (1746–1828)

der Scheinarchitektur. In den Kuppeln der Kirchen öffnete sich mit malerischen Mitteln der Himmel.

Caravaggio

(eigentlich Michelangelo Merisi)

! Lebensdaten

1571 Geburt in Caravaggio bei Bergamo
1584–88 Lehrzeit in Mailand
ab **1592** Tätigkeit in Rom
1605 Zuflucht in Genua, Rückkehr nach Rom
1606 Nach einem Totschlag Flucht nach Neapel
1607 Aufenthalt auf Malta
1608/09 Aufenthalt auf Sizilien
1610 Auf dem Weg nach Rom nach einem Überfall Tod in Porto d'Ercole bei Grosseto

Mit Caravaggios Tätigkeit in Rom, die zu heftigen Auseinandersetzungen unter den Künstlern und Kunstsammlern führte, begann um 1600 die Malerei des Barock und gewann als **Caravaggismus** europaweiten Einfluss. Der Sohn des Malers **Fermo Merisi** löste auf dreifache Weise eine künstlerische Revolution aus: durch seine dramatische Hell-Dunkel-Malerei, den krassen Realismus in der plastischen Wiedergabe von Figuren und Gegenständen sowie die Konzentration szenischer Darstellungen auf den Moment des emotionalen Höhepunkts. Dramatisch verlief auch das Leben Caravaggios, der allem Anschein nach zu verbissener Rivalität und Gewalttätigkeit neigte. Mit Vorliebe gab er zu erkennen, dass seine Modelle aus dem einfachen Volk stammten, was ihm den Vorwurf der Banalität eintrug. Ein Beispiel für Caravaggios „Kellerlicht" ist der von oben einfallende Lichtstrahl beim Gemälde *Die Berufung des Matthäus* (1598–1600; Rom, San Luigi dei Francese). Dieses „Spotlight" erfasst die Hand, die Jesus auf den an einem Tisch sitzenden Zöllner richtet, und unterstreicht die Worte: „Folge mir nach!"

Genremalerei und Stillleben

In Rom begeisterte Caravaggio einen Teil der anspruchsvollen Kunstsammler, zu denen auch Kardinäle gehörten, mit der Darstellung von Volkstypen in Szenen, aus denen sich die barocke Genremalerei (lat. genus in der Bedeutung „Lebensart") entwickelt hat. Die Themen reichen von der musikalischen Unterhaltung in der vornehmen Gesellschaft (*Der Lautenspieler*, 1595/96; St. Petersburg, Eremitage) bis zum Treiben in Spelunken (*Wahrsagende Zigeunerin*, 1593/94; Rom, Museo Capitolino; *Die Falschspieler*, um 1595; Fort Worth, Kimbell Art Museum).

Der *Knabe mit Fruchtkorb* (1593/94; Rom, Galleria Borghese) und der *Jugendliche Bacchus* (um 1595; Florenz, Uffizien) enthalten ein Stillleben aus einem Arrangement von Obst, das beim Gemälde *Fruchtkorb* (um 1596; Mailand, Pinacoteca Ambrosiana) als alleiniges Thema dient.

Götter und Heilige

Die Kunstliebhaber in Rom schätzten zwar in den Kirchen die eindrucksvolle Darstellung biblischer Szenen und Heiligenbilder, in ihren Privatsammlungen dagegen antike, mehr oder weniger allegorische Themen. Dieser Zweiteilung wurde Caravaggio mit seinem Wirken vollkommen gerecht. So entstanden 1602 *Die Grablegung Christ* (Rom, Pinacoteca Vaticana) und *Amor als Sieger* (Berlin, Gemäldegalerie).

Mitunter verlangten seine Auftraggeber eine zweite, gemilderte Fassung eines Gemäldes, weil die erste Fassung die Schicklichkeit (lat. decorum) verletzte, indem z. B. die dargestellten Heiligen allzu realistisch und insofern unheilig in Erscheinung traten und als Sensationsbilder die Andacht verhinderten. Ein Beispiel ist die *Bekehrung des Paulus* mit dem vom Pferd gestürzten zukünftigen Apostel. Caravaggio schuf dieses Gemälde 1601/02 in zwei Fassungen für Santa Maria del Popolo in Rom. Für diese Kirche war 1600/01 das *Martyrium des hl. Petrus* entstanden.

Zu Caravaggios kühnsten kirchlichen Werken gehört die wohl 1606/07 in Neapel geschaffene *Rosenkranzmadonna* mit den Heiligen Dominikus und Petrus Martyr (Wien, Kunsthistorisches Museum): In der Mitte des unteren Bildrandes zeigen sich die schmutzigen Fußsohlen eines Mannes, der anbetend zu Füßen der Madonna mit dem Jesuskind kniet.

? Schon gewusst?

Caravaggio gehört zu den wenigen Malern, deren Künstlername einem Stilbegriff zugrunde liegt: Caravaggismus (ital. caravaggismo) bezeichnet die mit krassem Realismus verbundene Hell-Dunkel-Malerei im 17. Jh. Sie wurde z. B. von den holländischen, zeitweise in Rom tätigen Caravaggisten nördlich der Alpen verbreitet. Zu ihnen gehören **Hendrick ter Brugghen** (1588–1629) und **Gerard van Honthorst** (1592–1656).

Peter Paul Rubens

Peter Paul Rubens, Sohn eines aus den Niederlanden emigrierten Juristen, ist der herausragende Meister der flämischen Barockmalerei

! Lebensdaten

1577 Geburt in Siegen/Westfalen
1589 Nach dem Tod des Vaters Rückkehr der Familie nach Antwerpen, Ausbildung bei verschiedenen Malern
1598 Aufnahme in die Lukasgilde
1600–08 Aufenthalt in Italien, u. a. als Hofmaler in Mantua, Reisen nach Rom und Venedig. Rückkehr nach Antwerpen
1609 Heirat mit Isabella Brant (1591–1625)
1611–17 Errichtung des Rubens-Hauses mit Werkstatt
1625 Rubens wird Witwer
1628 Reise als Diplomat nach Spanien
1629/30 Reise als Diplomat nach England
1630 Heirat mit Helene Fourment (1614–74)
1635 Erwerb des Schlosses Steen
1640 Tod in Antwerpen

in den südlichen Niederlanden, die im Unterschied zu den reformierten nördlichen Niederlanden unter spanischer Herrschaft katholisch geblieben waren. Dies bedeutete einerseits, dass sich Rubens mit seinen zahlreichen Mitarbeitern in den Dienst kirchlicher Kunst im Zeichen der Gegenreformation stellte. Dies schloss andererseits nicht aus, dass sein umfangreiches Gesamtwerk einen hohen Anteil antiker Themen enthält. Weitere Themenbereiche sind das Porträt, Landschaften und Jagdbilder. Zu den Hauptmerkmalen seiner Malerei gehören, unabhängig vom Thema, eine dynamische Körperlichkeit und die sprichwörtlich barocke Gestaltung weiblicher Figuren. Zu seinen Schülern und Mitarbeitern bei speziellen Motiven gehörten insbesondere **Anthonis van Dyck** (1599– 1641), von 1617 bis 1620 Mitglied der Rubens-Werkstatt, der Tiermaler **Frans Snyders** (1579– 1657) und der Blumenmaler **Jan Bruegel d. Ä.** (1568–1625). Gemeinsam entstanden Paradiesbilder und die *Madonna im Blumenkranz* (um 1620; München, Alte Pinakothek).

Altäre

Zwei der zahlreichen Altarwerke verdeutlichen die künstlerische Entwicklung. 1610 bestellte die Schützengilde St. Christophorus ein Triptychon für den Altar ihrer Kapelle in der Kathedrale von Antwerpen. Das Mittelbild zeigt die *Kreuzabnahme* (1611/12): Vor dunklem Hintergrund leuchtet ein weißes Leichentuch, auf dem der Leichnam Jesu mit verrenkten Gliedern niedersinkt, gestützt von dem in ein rotes Gewand gekleideten Jünger Johannes. Die Dramatik der Komposition, die sich an einer gewaltigen Diagonale von rechts oben nach links unten orientiert, lässt den Einfluss von Caravaggio erkennen. Ganz anders ein Spätwerk: Für die Kirche der Bruderschaft des hl. Ildefonso in Brüssel schuf Rubens 1630–32 im Auftrag der niederländischen Regentin **Isabella Clara** den *Ildefonso-Altar* (Wien, Kunsthistorisches Museum). Die Mitteltafel des Triptychons zeigt Maria und heiligen Jungfrauen bei der Übergabe eines kostbaren Messgewandes an Ildefonso. Helles Licht verzaubert die von Putten bekrönte imaginäre Szene und steigert in bester venezianischer Tradition den farblichen Reiz der Gewänder wie der gesamten Atmosphäre.

Aktkunst

Die Erneuerung der Aktmalerei im 15. Jh. war v. a. mit der Darstellung antiker Themen verbunden. Dies galt auch für Rubens. Ein hervorragendes Beispiel sind zwei komplementäre, in Vorder- und in Rückansicht dargestellte weibliche Aktfiguren, die von Castor und Pollux während ihrer Hochzeit entführt werden (*Der Raub der Töchter des Leukippos*, um 1618; München, Alte Pinakothek). Doch auch eine monumentale Altartafel wie das *Große Jüngste Gericht*, das um 1615 für die Jesuitenkirche in Neuburg an der Donau entstand, zeigt die Seligen und die Verdammten als Aktfiguren; 1653 wurde das sechs Meter

! Medici-Zyklus

Die unerschöpfliche Fülle an figürlichen Darstellungen repräsentieren 21 allegorisch ausgeschmückte zeitgeschichtliche Gemälde über **Maria de' Medici** (1573–1642). Die Witwe des 1610 ermordeten **Königs Heinrich IV.** von Frankreich gab den Zyklus 1621 für ihren Pariser Witwensitz, das Palais du Luxembourg, in Auftrag (vollendet 1625; heute Paris, Louvre). Das einzigartige Zeugnis der Pinselschrift von Rubens sind 15 Entwürfe in Form von locker ausgeführten Ölskizzen auf Holz im Besitz der Alten Pinakothek, München. Sie reichen von der *Erziehung der Prinzessin durch Minerva bis zur Versöhnung mit dem Thronfolger Ludwig XIII.* (Dezember 1621).

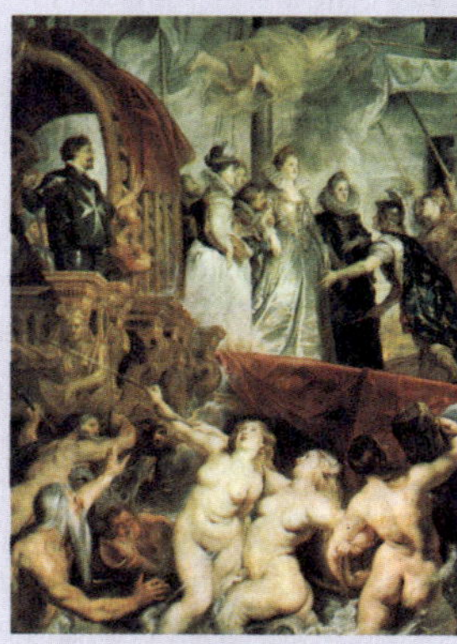

Medici-Zyklus

hohe Gemälde allerdings wegen anstößiger Nuditäten vom Hochaltar entfernt (heute München, Alte Pinakothek). Als eines der schönsten Aktbilder entstand um 1638 *Das Pelzchen* (Wien, Kunsthistorisches Museum). Als Modell diente Rubens seine junge Frau **Helene Fourment**; sie schlingt einen Pelzmantel um ihre Hüften, dessen Schwarz ebenso wie das Rot des Fußbodens wirkungsvoll mit den zarten Fleischtönen, dem Inkarnat, kontrastiert.

Artemisia Gentileschi

Artemisia Gentileschi ist eine Malerin, die sich mit ihren Kollegen messen konnte und viele übertraf, auch und gerade in der angeblich männlichen Domäne der Historienmalerei, zu der Darstellungen biblischer Historien (Erzählungen) gehörten. Frauen wurden v. a. Blumenbilder oder bestenfalls Porträts zugetraut. Umso erstaunlicher ist die Anerkennung, die sich Artemisia, Tochter des mit Caravaggio befreundeten Malers **Orazio Gentileschi** (1563–1616) in Rom und Neapel erkämpfte. Zu ihren ehrenvollen Aufträgen in Florenz gehörte die Beteiligung als Wandmalerin an der Ausstattung der Casa Buonarroti (Aktfigur *Allegorie der Zuneigung*, 1615/16), von Neapel aus war sie an der Ausstattung der Kathedrale von Pozzuoli beteiligt, und 1638/39 war sie in Greenwich im Queen's House in königlichem Auftrag tätig. Doch bereits ihr Sterbejahr ist nicht mit Sicherheit überliefert, und Artemisia geriet für Jahrhunderte in Vergessenheit. Ihre weiterhin hoch geschätzten Werke wurden ihrem Vater oder anderen Malern zugeschrieben.

! Lebensdaten

1593 Geburt in Rom
um **1605** Gehilfin in der Werkstatt des Vaters
1612 Prozess gegen Agostino Tassi, Heirat mit Pietro Vincenzo Stiatessi und Übersiedlung nach Florenz
1616 Mitglied der Accademia del Disegno
1620 Geburt der Tochter Palmira
um **1622** Rückkehr nach Rom
1625 Geburt der Tochter Prudentia
ab **1630** Tätigkeit in Neapel
1638/39 Mitarbeiterin des Vaters in Greenwich bei London an einem Deckengemälde, das sie nach dessen Tod allein vollendet; danach Rückkehr nach Neapel
um **1651** Tod in Neapel

Die Wiederentdeckung

Artemisia Gentileschis Wiederentdeckung ab den 1960er-Jahren stand im Zusammenhang einer feministischen Kunstbetrachtung und der Frage nach dem Anteil von Künstlerinnen an der kunstgeschichtlichen Entwicklung. Dabei trat zeitweilig das Schicksal in den Vordergrund, das Artemisia als junge Frau erlitten hatte: Der Prozess, den sie und ihr Vater 1612 erfolgreich gegen Orazios Mitarbeiter **Antonio Tassi** (1580–1644) führten, betraf Artemisias Vergewaltigung durch Tassi im Jahr 1610 und das danach gebrochene Heiratsversprechen. Es erscheint als offenkundig, dass Artemisias Gemälde *Susanna und die beiden Ältesten* (1610; Pommersfelden, Sammlung Schönborn) eine künstlerische Verarbeitung der Gewalttat Tassis ist.

Biblische Frauen

Susanna aus dem Buch *Daniel* steht am Anfang einer Reihe biblischer Historienbilder bis hin zu *Esther vor König Ahasver* (um 1640–45; New York, Metropolitan Museum of Art). Den Mittelpunkt der Jahre in Florenz bildet die Freiheitsheldin Judith. Das Gemälde *Judith enthauptet Holofernes* (1612/13; Neapel, Museo Capodimonte; 2. Fassung 1620; Florenz, Uffizien) gehört zu den grausamsten Darstellungen dieses Themas: Während die Dienerin den feindlichen Feldherrn auf sein Lager drückt, trennt Judith dessen Haupt vom Rumpf; im nächsten Augenblick wird es vor die Füße des Betrachters fallen. Dramatisches Helldunkel steigert die suggestive Wirkung. Eine Episode im Buch der Richter schildert das Gemälde *Jaël und Sisera* (1620; Budapest, Szépmüvészeti Múzeum); Jaël schlägt dem schlafenden Feldherrn Sisera einen Nagel in den Kopf. Handelt es sich hier wie dort um Racheakte der einst missbrauchten Künstlerin?

Zu Gentileschis Frauengestalten gehören Bathseba, aber auch die hl. Katharina, die Göttin Minerva und eine farblich bezaubernde *Lautenspielerin* (1611/12; Rom, Galleria Spada).

! La Pittura

Ein Hauptwerk ist die als Selbstporträt zu betrachtende *Allegorie der Malerei* (um 1630; London, Royal Collection). Vor dunklem Hintergrund fällt helles Licht auf die Stirn, das Dekolletee und den rechten Arm, der den Pinsel schräg nach oben zur Leinwand führt. Ein mühsam gebändigter schwarzer Lockenschopf fällt in den Nacken, und der linke Arm im Ärmel eines Gewandes in kühlen Blautönen führt den Blick des Betrachters zur Palette in der linken Hand der Künstlerin, die sich völlig auf ihre Arbeit konzentriert.

Diego Velázquez

(eigentlich Diego Rodriguez de Silva y Velázquez)

! Lebensdaten

1599 Geburt in Sevilla
1611 Lehrvertrag mit Francisco Pacheco
1617 Aufnahme in die Malergilde von Sevilla
1618 Heirat mit Pachecos Tochter Juana
1619 Geburt der Tochter Francesca
1621 Erster Aufenthalt in Madrid
1623 Berufung als „Maler des Königs" (pintor del rey)
1627 Ernennung zum Hofmaler (pintor de cámera) mit Wohnung im Alcázar von Madrid
1629–31 Erste Italienreise mit Aufenthalt in Rom
1649–51 Zweite Italienreise
1660 Tod in Madrid

Diego Velázquez führte die spanische Malerei zu ihrem ersten Höhepunkt mit europäischer Geltung. Er überwand die frühbarocke Hell-Dunkel-Malerei und modellierte seine Figuren und Gegenstände mit den farblichen Mitteln feinster Abstufungen der Farbtöne. Untergeordnet bleiben die konturierenden Linien, sodass die Gemälde jeweils den Eindruck einer rein malerischen Atmosphäre wecken. Zugleich entwickelte sich Velázquez, der aus verarmtem Adel stammte, zu einem einzigartigen Psychologen, dessen Porträtkunst dem Niedergang der spanischen Monarchie und allem äußerlichen Prunk ein vorbehaltloses Interesse am Menschen entgegensetzte. Dies verdeutlichen Porträts der „Narren" am spanischen Hof. Freundschaft verband ihn mit seinem Dienstherrn **Philipp IV.** (reg. 1621–65), der den Hofmaler (zuletzt Santiago-Ritter) zweimal mit dem Auftrag nach Italien sandte, für die königliche Sammlung Kunstwerke zu erwerben. Bei der zweiten Reise entstand in Rom das berühmte Porträt *Papst Innozenz X.* (1650; Rom, Galleria Doria Pamphili).

Volkstypen

Während seiner Ausbildung in Sevilla durch **Francisco Pacheco** (1564–1644) erlernte Velázquez die Gattung der Küchenstücke (span. bodegónes). Es handelt sich um alltägliche Szenen mit Stillleben, meist bei einer Mahlzeit. In dieser Tradition steht das „antike" Gemälde *Bacchus* (1628/29; Madrid, Prado), das den jugendlichen Gott mit Zechgenossen aus dem einfachen Volk vereint. Auch bei weiteren Götterbildern vermenschlichte Velázquez die Mythologie. Diese Grundhaltung der Entheroisierung bezeugt das Kriegsbild *Die Übergabe von Bre-*

Las Meninas

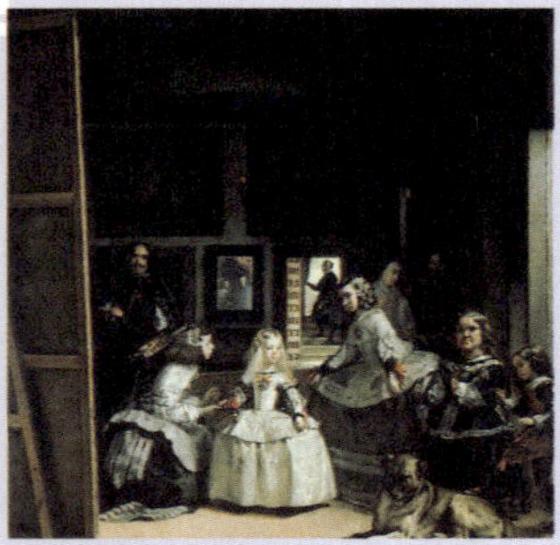
Las Meninas

Dieses Spätwerk (1656; Madrid, Prado) verbindet Porträts mit einer kunstvollen Suggestion von Räumlichkeit. Am linken Bildrand steht der Maler hinter seiner Staffelei und richtet den Block auf den Betrachter, genauer: auf das königliche Paar, das allerdings nur schemenhaft im Spiegel an der Rückwand erscheint. Im vollen Licht reihen sich neben dem Maler die fünfjährige Infantin Margarita Teresa mit ihren Hofdamen (span. meninas). Zu ihnen gehörten eine gleichfalls kostbar gekleidete Zwergin und ein Junge, der spielerisch seinen linken Fuß auf den Rücken eines am Boden liegenden Hundes setzt. Mit der lebhaften Gruppe um die reizende Infantin kontrastiert der leere, in feinsten Abstufungen von Grau wiedergegebene obere Teil des Raumes, der mehr als die Hälfte der Bildfläche einnimmt.

da (1634/35; Madrid, Prado): Den stolz aufgerichteten Lanzen seiner siegreichen Armee den Rücken kehrend, legt der spanische Feldherr Ambrosio Spinola dem besiegten Niederländer Justin von Nassau begütigend die Hand auf die Schulter.

Porträtkunst

Als Hofmaler hatte Velázquez ein umfangreiches Programm mit Darstellungen der königlichen Familie und des Hofadels zu bewältigen: Reiterbildnisse, der König als Jäger oder in militärischem Aufzug. Eine spezielle Aufgabe bildeten Porträts der **Infantin Margarita Teresa** (1651–1673), die als Kind dem späteren **Kaiser Leopold I.** zur Frau versprochen wurde; die Hochzeit fand 1666 statt. Um den kaiserlichen Hof vom Liebreiz der zukünftigen Kaiserin zu überzeugen, musste der spanische Hofmaler mehrfach Porträts anfertigen, die nach Wien geschickt wurden. Velázquez erfüllte diese Pflicht mit größter künstlerischer Sensibilität und großer malerischer Vollkommenheit. Drei dieser Meisterwerke besitzt das Wiener Kunsthistorische Museum.

Claude Lorrain
(eigentlich Claude Gellée)

! Lebensdaten

1600 Geburt in Champagne/Lothringen
1612 Verlust der Eltern
um **1613** Begleiter eines Spitzenhändlers nach Neapel
1618 Lehrling eines Malers in Neapel
1621 Gehilfe von Antonio Tassi
1625 Rückkehr nach Lothringen
1627 Endgültige Niederlassung in Rom
1634 Mitglied der Accademia di San Luca
1659 Adoption der unehelichen Tochter Agnes
1682 Tod in Rom

Claude Gellée, dessen Künstlername von seiner Heimat Lothringen abgeleitet ist, bezeugt die Faszination, die Rom im 17. Jh. auf Künstler aus Mitteleuropa ausgeübt hat: Die Ruinen und sonstigen Bauzeugnisse der Antike, die sanfte Hügellandschaft der Campagna und das südliche Licht riefen die Vorstellung von einem vergangenen goldenen Zeitalter hervor, dessen Harmonie in der Kunst neu entsteht. Diese als klassisch bezeichnete Stilrichtung der Barockmalerei führten Claude Lorrain und der ab 1624 in Rom tätige Franzose **Nicolas Poussin** (1594–1665) zum Höhepunkt.

Aus einfachen Verhältnissen stammend, wurde Claude Lorrain in Neapel durch den aus Köln stammenden **Goffredo (Gottfried) Wals** (um 1600–1638/40) in die Landschaftsmalerei eingeführt. Bei seinem ersten Aufenthalt in Rom lehrte ihn **Agostino Tassi** (1578–1644) die Wandmalerei. Seine europaweite Anerkennung mit Aufträgen aus dem französischen und römischen Adel, aus dem hohen Klerus und vom spanischen **König Philipp IV.** (Reg. 1621–65), für den 1639/40 eine siebenteilige Serie entstand, erreichte Claude Lorrain ab den 1630er-Jahren mit seinen klassischen Ideallandschaften. Um 1635 begann der Maler in einem *Liber Veritatis* (*Buch der Wahrheit*) seine Gemälde als Zeichnungen festzuhalten und auf diese Weise zu inventarisieren. Dieses Album mit 195 solcher Zeichnungen besitzt heute das British Museum in London.

Klassische Landschaftsmalerei

Claude Lorrains Ideallandschaften beruhen auf einer radikalen Umkehrung des Verhältnisses zwischen den Figuren und Szenen der Historienmalerei und der bisher meist als Hintergrund oder Beiwerk dienenden Darstellung einer Landschaft. Diese wird nun zum Hauptthema eines Gemäldes, während biblische und antike Themen sich als kleine Staffagefiguren einfügen. Allerdings handelt es sich nicht um realistische Wiedergaben einer bestimmten Landschaft. Vielmehr richtet sich das künstlerische Interesse auf die harmonische Anordnung landschaftlicher Elemente. Es entsteht eine Art von Landschaftsbühne, die seitlich von Bäumen und Bauwerken gerahmt wird. Dazwischen bietet sich ein weit in die Tiefe geöffneter Ausblick. Auf dieser Bühne agiert nicht mehr, aber auch nicht weniger als das intensive und warme Licht des Südens (*Italienische Küstenlandschaft im Morgenlicht*, 1642; Berlin, Gemäldegalerie).

Gegenstücke

Mit dem Begriff Gegenstücke werden Bildpaare bezeichnet. Claude Lorrain bediente sich häufig dieser Möglichkeit, ein bestimmtes Thema, z. B. die Tageszeiten, zu variieren und zugleich zwei Gemälde als Ausgangs- und Endpunkt eines Spannungsbogens zu gestalten. Dem Wechsel der Lichtverhältnisse entspricht eine Veränderung der landschaftlichen Elemente, z. B. vom Blick auf das Meer zum Blick auf einen See und eine Baumgruppe. Ein Beispiel sind die Gegenstücke *Ein Seehafen bei aufgehender Sonne* und *Idyllische Landschaft bei untergehender Sonne* (beide München, Alte Pinakothek).

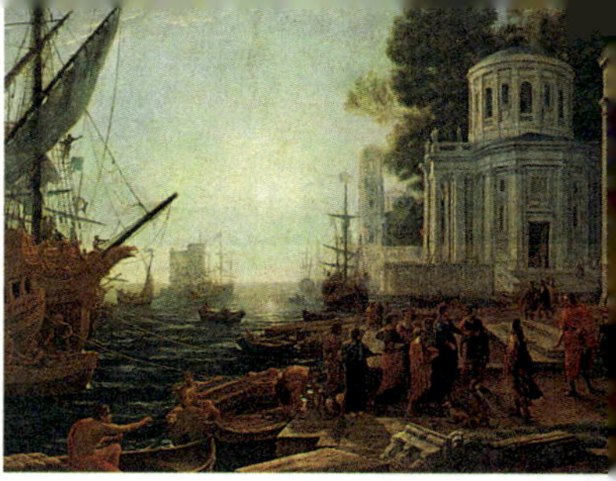

Landschaftsbild von Claude Lorrain

! Die Einschiffung der Königin von Saba

Der Titel dieses Gemäldes von 1648 (London, National Gallery) bezieht sich auf die Reise der Königin von Saba zu König Salomo in Jerusalem. Der Betrachter muss die Königin allerdings suchen. Er entdeckt sie auf einer Treppe, die von ihrem Palast zum Hafen führt. Das künstlerische Thema dagegen ist der Blick über das Hafenbecken zum offenen Meer, über dem die aufgehende Sonne erstrahlt.

Rembrandt

(eigentlich Rembrandt Harmensz van Rjin)

Mit Rembrandt erreichte die Barockmalerei der nördlichen Niederlande in der aufstrebenden Handelsstadt Amsterdam ihren

! Lebensdaten

1606 Geburt in Leiden
1613–20 Besuch der Lateinschule, danach Immatrikulation an der Universität
1621–23 Lehre bei Jacob Isaacsz van Swanenburgh (1571–1638), dann kurze Zeit bei Pieter Lastman (1583–1633) in Amsterdam
1626 Selbstständigkeit in Leiden
1628 Gerrit Dou (1613–1675) wird der erste Schüler
1631 Übersiedlung nach Amsterdam
1634 Mitglied der Amsterdamer Malergilde und Heirat mit Saskia Uylenburgh (1612–1642)
1639 Erwerb eines Hauses
1641 Geburt des Sohnes Titus
1642 Rembrandt wird Witwer
um **1647** Beginn der Lebensgemeinschaft mit Hendrickje Stoffels (1626–1663)
1654 Geburt der unehelichen Tochter Cornelia
1658 Zwangsversteigerung des Hauses
1663 Hendrickje stirbt
1668 Titus stirbt
1669 Tod in Amsterdam

Höhepunkt. Ausgehend von der zeitgenössischen Historienmalerei, die effektvolle Beleuchtung und mitreißende Aktionen der handelnden Figuren liebte, gelangte Rembrandt zu einer überragenden malerischen Qualität der Farbgebung. Licht und Schatten gewannen eine neue Bedeutung, indem sie statt theatralischer Inszenierung eine geistige und seelische Dramatik zum Ausdruck bringen. In diesem Zusammenhang entwickelte Rembrandt eine neue Maltechnik: Der pastose Farbauftrag (von ital. pastoso: teigig) ergab ein leichtes Relief der Bildoberfläche mit geheimnisvoller Licht-und-Schatten-Wirkung; die Farben gewannen ein Eigenleben. Damit begründete Rembrandt eine neue Epoche der Ölmalerei.
Rembrandts Lebenslauf mutet als Kurve an: Der Sohn eines Müllers gelangte v. a. durch Einzel- und Gruppenporträts zu höchster Anerkennung in der kunstsinnigen Amsterdamer Gesellschaft, bis um 1650 ein Niedergang einsetzte: Je kühner sich Rembrandt von den künstlerischen Konventionen trennte, desto mehr verringerte sich die Zahl seiner Bewunderer; er verlor seinen ganzen Besitz, zu dem eine große Kunstsammlung gehörte. Er starb, bis zuletzt künstlerisch tätig, vereinsamt und verarmt.

Rembrandt-Bibel

Unter dieser Bezeichnung lassen sich die Darstellungen biblischer Themen zusammenfassen, die einen Hauptteil des Gesamtwerks bilden. Es handelt sich nicht um

Altarbilder, denn in den reformierten nördlichen Niederlanden versiegten kirchliche Aufträge, sondern um Gemälde, die als Kunstwerke geschätzt wurden. So schuf Rembrandt ab den 1630er-Jahren für die Galerie des Statthalters **Frederik Hendrik von Oranien** (gest. 1647) in Den Haag Szenen aus dem Leben Jesu mit der *Anbetung der Hirten*, der *Kreuzaufrichtung* sowie *Kreuzabnahme, Grablegung, Auferstehung, Himmelfahrt* (alle München, Alte Pinakothek). Der Bogen spannt sich von Frühwerken wie der *Steinigung des Stephanus* (1625; Lyon, Musée des Beaux-Arts) bis zum

Selbstporträt mit Saskia

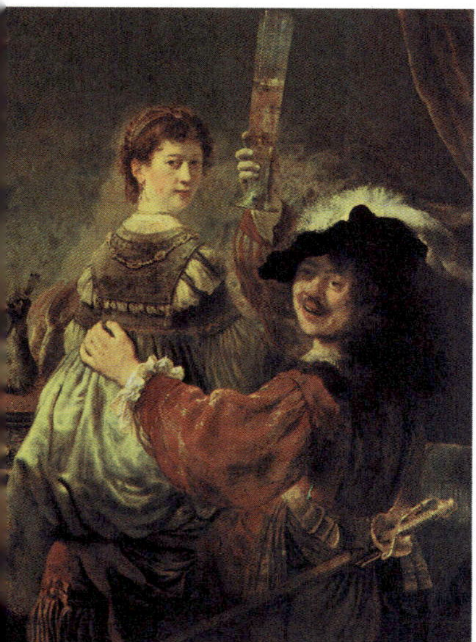

! Die Nachtwache

Rembrandts berühmtestes Gemälde, das Glanzstück des Amsterdamer Rijksmuseums, trägt einen nachträglichen und irreführenden Titel. Die so genannte Nachtwache entstand 1640–42 als Gruppenbild einer Amsterdamer Schützengilde, die – durchaus bei Tage – sich zum Aufbruch sammelt. Doch statt eines der üblichen Einzelporträts gestaltete Rembrandt eine Gemeinschaft, die eine kaum zu lokalisierende Lichtquelle beleuchtet und belebt. Ein Nachdunkeln verstärkte die verschiedenen Lichtwirkungen. Hinzu kam ein schlimmer Eingriff, bei dem das Gemälde, um es einem neuen Rahmen anzupassen, links beschnitten wurde. Dadurch schwand der Bewegungseindruck der asymmetrischen Komposition, und die Anführer rückten in die Mitte einer annähernd statischen Gruppe, die sich ursprünglich im Aufbruch befand.

Spätwerk *Die Heimkehr des verlorenen Sohnes* (um 1662; St. Petersburg, Eremitage).

Autobiografie in Bildern

Rembrandt ist der erste Künstler, dessen Gesamtwerk eine Perlenkette aus Selbstporträts einschließt. Den Ausgangspunkt bildeten physiognomische Ausdrucksstudien, die Rembrandt im Spiegel beobachtete (Zeichnungen, Radierungen). Zu den bekanntesten Werken gehört das *Selbstporträt mit Saskia*, das Rembrandt als leichtlebigen „verlorenen Sohn" zeigt (um 1635; Dresden, Galerie Alte Meister). Das letzte der etwa 80 Selbstporträts befindet sich im Mauritshuis (Den Haag) und stammt aus dem Todesjahr.

Jan Vermeer van Delft

(eigentlich Joannis Vos)

! Lebensdaten

1632 Geburt in Delft
um **1645** Ausbildung in Delft
1653 Mitglied der Lukasgilde; Heirat mit Catherina Bolnes, die elf Kinder zur Welt bringt
1662/63 Vorsteher der Lukasgilde
1671/72 Vorsteher der Lukasgilde
1672 Als Gutachter für italienische Kunst in Den Haag
1675 Tod in Delft, der Nachlass umfasst 29 Werke, die
1677 versteigert werden

Jan Vermeer ist ein herausragender holländischer Maler, der als

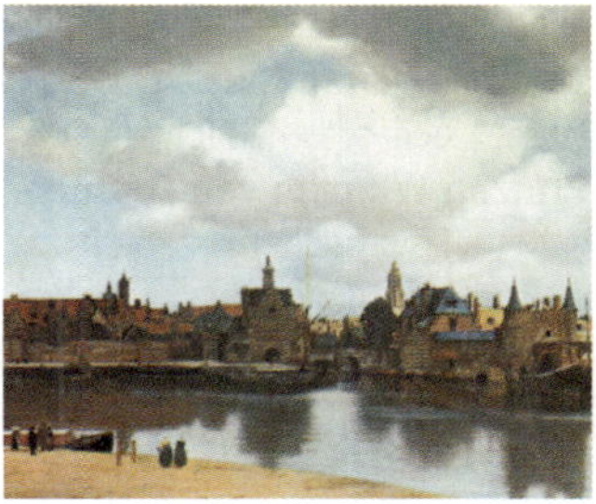

Ansicht von Delft

Person fast vollständig hinter dem Werk zurücktritt. Umso reichhaltiger sind die Bedeutungsebenen seiner etwa 40 Gemälde, die verschiedene Traditionen aufgreifen und in „reine Malerei" überführen. Jan Vermeer widmete sich mit den beiden Frühwerken *Jesus bei Maria und Martha* (um 1655; Edinburgh, National Gallery) und *Diana mit ihren Gefährtinnen* (um 1655/56; Den Haag, Mauritshuis) der biblischen und mythologischen Historienmalerei. Das Gemälde *Bei der Kupplerin* (1656; Dresden, Galerie Alte Meister) entspricht der Genremalerei der Caravaggisten in Utrecht, die *Ansicht von Delft* (um 1660; Den Haag, Mauritshuis) der italienischen Vedutenmalerei (ital. veduta: Anblick, Aussicht). Doch gerade diese Stadtansicht enthält eine Vielzahl von verschlüsselten Andeutungen, die sich auf die Zeitgeschichte beziehen: Am Himmel entfernen sich dunkle Gewitterwolken, und das wieder frei werdende Sonnenlicht bestrahlt den Turm der Niewe Kerk. In ihr befindet sich das Grabmahl des **Prinzen Wilhelm von Oranien**, dem die nördlichen Niederlande ihre Befreiung von Spanien verdanken.

Das Interieur

Etwa die Hälfte des Gesamtwerks zeigt den Blick in das Innere (frz. interieur) eines zumeist kostbar ausgestatten Raumes, in dem schön gekleidete Personen musizieren oder sich unterhalten. Deshalb handelt es sich um Genrebilder aus dem großbürgerlichen Milieu. Das künstlerische Interesse richtet sich auf die Atmosphäre eines diskreten „Zwiegesprächs" zwischen den Personen und Gegenständen. An dieser Atmosphäre hat die malerische Wiedergabe des immateriellen Lichtes, das durch ein seitliches Fenster einströmt, wesentlichen Anteil. Herausragende Beispiele für die sanfte, ja besänftigende Wirkung des Lichtes sind zwei Werke Vermeers in der Berliner Gemäldegalerie: Bei der *Dame mit Perlenhalsband* (um 1664) überstrahlt das Licht, das die kahle Rückwand verklärt, die traditionelle Allegorie der Eitelkeit (Blick in den Spiegel), und beim Bild einer Dame, die ein Glas zum Mund führt, während ihr Kavalier einen kleinen Weinkrug bereithält, strömt das Licht durch eine Fensterscheibe, die mit der Personifikation der Temperantia (Mäßigung) geschmückt ist

! Allegorie der Malerei

Zu den kostbarsten Schätzen des Kunsthistorischen Museums in Wien gehört eine Atelierszene, die Vermeer um 1665/66 geschaffen hat. Bei der Versteigerung des Nachlasses trug sie den Titel *Schilderkunst* (Malkunst). Inmitten eines Interieurs mit einem Fußboden aus weißen und schwarzen Fliesen, die in die Tiefe führen, sitzt ein altertümlich gekleideter Maler an der Staffelei. Dem Betrachter den Rücken zukehrend, gilt seine Aufmerksamkeit, während die rechte Hand den Pinsel zur Leinwand führt, dem Modell, das vom Seitenlicht eines unsichtbaren Fensters beleuchtet wird. Die junge Frau ist mit Lorbeerkranz und Trompete (Attribute des Ruhms) sowie einem Buch ausgestattet und fungiert daher als Verkörperung der Geschichte. Eine Landkarte der 17 niederländischen Provinzen vor ihrer Teilung 1581 bedeckt die Rückwand. Auf einem Tisch am linken Bildrand stapeln sich vor einem zur Seite gezogenen prächtigen Vorhang die Attribute der Künste. Dies alles deutet auf eine Huldigung an die Tradition der gesamtniederländischen Kunst hin.

(*Das Glas Wein*, 1658/61). Sonnenlicht veredelt auch die in der Küche tätige *Dienstmagd mit Milchkrug* (1758–60; Amsterdam, Rijksmuseum).

Techniken

Mit großer Wahrscheinlichkeit bediente sich Vermeer der camera obscura. Die Vorläuferin des Fotoapparats projizierte in einer „Kammer" den dreidimensionalen Raum auf eine zweidimensionale Fläche; auf dieser ließen sich die Konturen mit einem Stift zeichnerisch fixieren. Diese Technik könnte die äußerst perfekte Raumwirkung von Vermeers Interieurs erklären.

Mit Sicherheit erzielte er die einzigartigen Nuancierungen des Zusammenwirkens von Farbe und Licht durch den schichtweisen Auftrag der Ölfarbe in dünnen Lasuren. Diese zeitaufwendige Technik erklärt den vergleichsweise geringen Umfang des Gesamtwerks, ja sogar die finanziellen Schwierigkeiten, in die Vermeer geriet; die Tendenz vieler Zeitgenossen zur Massenproduktion mithilfe zahlreicher Schüler und Gehilfen lag ihm fern.

Jean-Antoine Watteau

! Lebensdaten

1684 Geburt in Venciennes
um **1696** Lehrling bei einem Dekorationsmaler
1702 Ankunft in Paris
1704 Schüler eines auf Theaterszenen spezialisierten Malers
1709 2. Preis beim Wettbewerb der Pariser Akademie um ein Stipendium in Rom
1717 Aufnahme in die Akademie
1719/20 Aufenthalt in London (einzige Auslandsreise)
1721 Tod in Paris

Watteau begründete in den knapp zwei Jahrzehnten seiner Tätigkeit in Paris eine neue Epoche der französischen, dann der europäischen Malerei. Sie bildet einen Bestandteil der Kunst und Kultur des Rokoko als Ausklang des Barock. Allerdings unterliegt Watteaus Malerei häufig Missverständnissen, indem sie in erster Linie als Ausdruck von spielerischer Heiterkeit und naiver Lebensfreude betrachtet wird. Dieser Irrtum entstand bereits bei seiner Aufnahme in die für künstlerische Belange zuständige Akademie. Da Watteaus zweifellos qualitätsvolle Malerei nicht so recht als Historienmalerei gelten konnte, wurde für ihn der Titel „Peintre de fêtes galantes" geschaffen; als Aufnahmestück diente *Die Einschiffung nach Cythère* (1717; Paris, Louvre). Dieser Begriff ließ sich mühelos auf den zeitgenössischen Lebensstil der höfischen und adligen Gesellschaft beziehen, kennzeichnete aber nur schwer Watteaus künstlerische Bedeutung. Diese beruht einerseits auf der malerischen Verklärung eines Lebens als galantes Fest in einem ewigen Liebesfrühling, andererseits auf der melancholischen Einsicht in den verführerischen Reiz dieser auf Täuschung gegründeten Utopie. Diese Ambivalenz fehlt im Werk der jüngeren Rokoko-Maler wie **François Boucher** (1703–1770) und **Jean-Honoré Fragonard** (1732–1806).

Ideal zur Idylle

Als Gast des königlichen Schatzmeisters und Kunstsammlers **Pierre Crozat** (1665–1740) lernte Watteau Meisterwerke einer verfeinerten Malkultur kennen, z. B. von **Claude Lorrain**. Er eignete sich die Technik der harmonischen, mitunter lichtgetränkten Farbgebungen an. Die weiträumige Ideallandschaft mit heroischen Staffagefiguren verwandelte er in idyllische Winkel und Parklandschaften als Schauplätze musikalischer amouröser Geselligkeit (*Die Liebestonleiter*, London, National Gallery). Dabei verschwimmt die Grenze zwischen dem Spiel auf der Bühne und dem Spiel im wirklichen Leben.

Vor diesem Hintergrund erweist sich das Rollenporträt *Gilles*

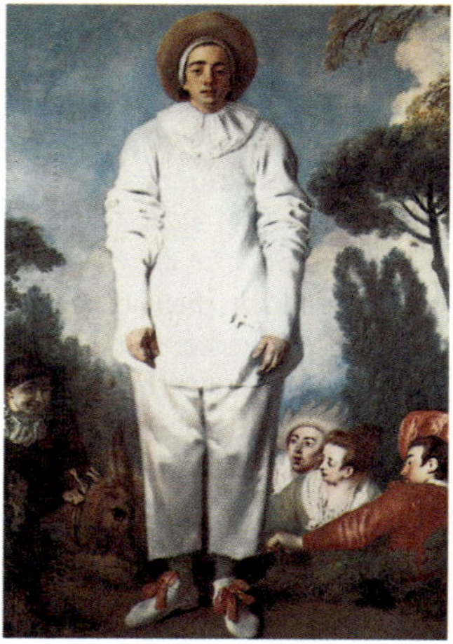

Gilles

(1718/19; Paris, Louvre) als vieldeutige Darstellung der Verwandlung einer Individualität in das Korsett einer Rolle, das sowohl Halt gibt als auch fesselt.

Der Kunsthandel

1720 kehrte Watteau von London nach Paris zurück und wohnte bei dem befreundeten Kunsthändler **Gersaint**. Als Dank entstand ein Werbemittel: das *Ladenschild des Gersaint.* Das über zwei Meter breite Ölgemälde zeigt das Innere des Verkaufsraums, die Ankunft von Gemälden und Gersaint sowie von Madame **Marie-Louise Gersaint**, die ihre Kundschaft bedienen. Diese Gelegenheitsarbeit besitzt höchste malerische Qualität, z. B. in der Wiedergabe glänzender Stoffe, und entlarvt zu-

gleich den Hochmut der Kunstkenner aus den besten Kreisen gegenüber den Kunsthändlern und damit indirekt auch gegenüber den Künstlern.
Das *Ladenschild* gehört wie eine Fassung der *Einschiffung nach Cythère* und die Watteau-Sammlung der Berliner Gemäldegalerie zu den Erwerbungen **Friedrichs d. Gr.** (reg. 1740–86) für seine Gemäldegalerie im Park von Sanssouci. Zu seinen Hofmalern gehörte der französische Rokokomaler **Antoine Pesne** (1683–1757); 1739 porträtierte er **Friedrich II.** als Kronprinzen (Berlin, Gemäldegalerie).

! Die Einschiffung nach Cythère

Einige vornehm gekleidete Damen und Herren haben sich im Schatten hoher Bäume auf einem Hügel niedergelassen, andere wandern bereits hinab zu einem Gewässer am Fuß des Hügels. Dort erwartet sie ein Schiff, um sie zur Liebesinsel Cythère zu bringen, die im lichtgetränkten Dunst des Horizonts zu erahnen ist. Amoretten schweben über der Gesellschaft und symbolisieren Zweck und Ziel der Reise. Das in drei Fassungen überlieferte Gemälde (um 1717; Frankfurt, Städel; Paris, Louvre; Berlin, Schloss Charlottenburg) entstand im Zusammenhang mit Watteaus Aufnahme in die Akademie. Zugrunde liegen einige Verse aus dem Lustspiel *Die drei Cousinen*, das 1700 in Paris auf die Bühne kam. Die Verse handeln von einer Pilgerfahrt nach Cythère zu zärtlichem Amusement.

Giambattista Tiepolo

(eigentlich Giovanni Battista Tiepolo)

! Lebensdaten

1696 Geburt in Venedig
um **1710** Lehrling bei Gregorio Lazzarini (1655–1730)
1717 Selbstständigkeit mit Aufträgen in Venedig
1726–29 Tätigkeit in Udine
1727 Geburt des Sohnes Giovanni Domenico († 1804)
1730–33 Tätigkeit in Mailand und Bergamo, Rückkehr nach Venedig
1750–53 Tätigkeit in Würzburg
1756 Präsident der Kunstakademie in Venedig
1757 Mit dem Sohn Giovanni Domenico Ausstattung der Villa Valmarana bei Vicenza
ab **1762** Tätigkeit in Madrid
1770 Tod in Madrid

Tiepolo führte im Zeitalter des Rokoko die illusionistische Wand-

Fresken der Würzburger Residenz

Die bautechnische Meisterleistung von **Balthasar Neumann** (1687–1753), das Treppenhaus der Würzburger fürstbischöflichen Residenz, bekrönt ein gewaltiges Deckengemälde (650 m²) mit den *Vier Erdteilen* (1751–53). Bei den Figurengruppen, Bauten und Pflanzen, die Afrika, Asien und Amerika vertreten, zog Tiepolo Reisebeschreibungen zurate. Zu den Europäern gehören Figuren, die den Architekten Neumann und den Mitarbeiter Domenico darstellen, sowie ein Selbstporträt Tiepolos; über ihnen schwebt ein Medaillon des Fürstbischofs **Johann Philipp von Greifferklau**, der seinen Hof von der Burg Marienberg in die Stadt verlegt hatte. Die Treppe führt zu einer ringsum verlaufenden Galerie mit einem Zugang zum Kaisersaal, den Vater und Sohn ebenfalls mit Fresken schmückten, u. a. mit dem Geschichtsbild Bestätigung der fränkischen Herzogswürde der Würzburger Bischöfe durch Barbarossa.

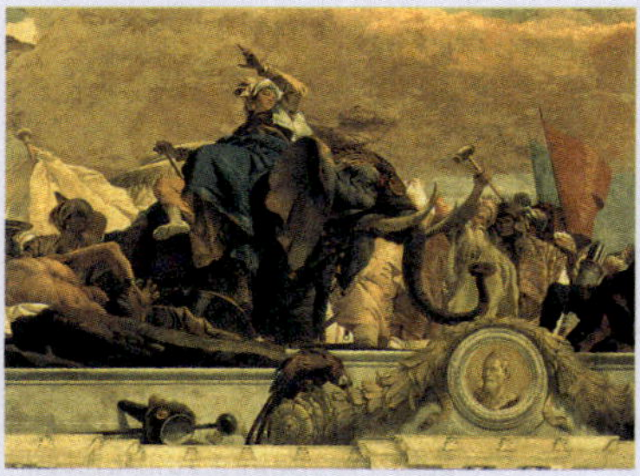

Fresken der Würzburger Residenz

und Deckenmalerei des Barock zu einem letzten Höhepunkt. Seine spätbarocken Fresken gehören insofern dem Rokoko an, als die Farbgebung traditionellen Hell-Dunkel-Effekten einer insgesamt helleren Farbstimmung untergeordnet sind. Die Aufträge, die Tiepolo in Stadtpalästen, Villen und Schlössern ausführte, sind – im Unterschied zu seinen Altarbildern – profanen und mythologischen Themen gewidmet. Der letzte und besonders ehrenvolle Auftrag betraf die malerische Ausstattung des Thronsaals und weiterer Räume im Schloss von Madrid für **König Karl III.** (Reg. 1759–88).

Sein Mitarbeiter und Nachfolger, der Sohn **Domenico Tiepolo** (1727–1804), erweiterte die Themen des Vaters durch Szenen der Volksbelustigung mit Figuren aus der Commedia dell'arte (Fresko *Pulcinella und die Seiltänzer*, um 1795; Venedig, Ca' Rezzonico).

Kunst und Literatur

Zu Tiepolos bemerkenswertesten Arbeiten gehört die Ausstattung der Villa Valmarana bei Vicenza

(1757). Hier umfasst das Bildprogramm gefühlvolle Szenen aus Hauptwerken der griechischen, römischen und italienischen Literatur: aus Homer *Ilias*, Vergils *Äneis*, aus *Der rasende Roland* von **Ariost** (1474–1533) und *Das befreite Jerusalem* von **Torquato Tasso** (1544–1595). Im Gästehaus schuf Domenico Tiepolo Landschaften im Lauf der Jahreszeiten und chinesische Szenen entsprechend der Vorliebe im 18. Jh. für „Chinoiserien".

Biblische Themen

Auch im ausgehenden 18. Jh. gehörten kirchliche Amtsträger zu den wichtigsten Auftraggebern der Maler.

Für die Scuola di San Rocco in Venedig, die **Tintoretto** (eigentlich Jacopo Robusti, 1519–1594) ab 1564 mit Wand- und Deckengemälden auf Leinwand ausgestattet hatte, entstand 1732 die Mutter-Kind-Szene *Hagar und Ismaël in der Wüste* (Buch Genesis 21,14–19); die Erscheinung eines Engels taucht die von Abraham Verstoßenen in Licht. Als Lichterereignis lässt sich auch die *Anbetung der Könige* bezeichnen. Das an einer steil ansteigenden Diagonale orientierte Altarbild entstand 1753 in Würzburg für die Klosterkirche in Münsterschwarzach bei Kitzingen und befindet sich heute in der Alten Pinakothek, München.

! Lebensdaten

1746 Geburt in Fuentetodos
1756 Klosterschule in Zaragoza
1760 Lehre bei José Luzán in Zaragoza
1763 Misserfolg bei der Bewerbung um Aufnahme in die Kunstakademie in Madrid
1770 Ausbildung als Freskomaler in Rom
ab **1773** Tätigkeit in Zaragoza, Heirat mit Josefa Bayeu († 1812)
ab **1775** Hofmaler in Madrid, zunächst tätig für die königliche Teppichmanufaktur
1792 Schwere Erkrankung in Cadiz mit Verlust des Gehörs
1793 Rückkehr nach Madrid
1799 Ernennung zum Ersten Hofmaler
1812 Goya wird Witwer
ab **1813** Lebensgemeinschaft mit der Witwe Leocadia Zorilla
1819 Landsitz „Haus des Tauben", in dem ab 1820 die 14 „Schwarzen Bilder" (Wandgemälde) entstehen
1824 Emigration nach Frankreich
1825 Niederlassung in Bordeaux
1828 Tod in Bordeaux

Francisco de Goya

Das vielgestaltige Gesamtwerk Francisco de Goyas, der aus einer bäuerlichen Familie stammte (der Vater arbeitete zeitweise als Vergolder), entstand im Zeitraum von mehr als fünf Jahrzehnten, ausgehend vom Spätbarock und höfischen Rokoko. Hauptwerke dieser Schaffensphase sind religiöse Kuppelgemälde (z. B. in der Kathedrale von Zaragoza, 1780/81), Landschaften mit Volksszenen (*Das Picknick*, 1776; Madrid, Prado), Gruppenporträts (*Die Familie König Karls IV.*, 1800/01; Madrid, Prado), Einzelporträts (*Doña Isabel de Porcel*, 1804/05; London, National Gallery), und zwei Gemälde, die bei ihrem adligen Besitzer 1815 von der Inquisition als unzüchtig konfisziert wurden: *Die bekleidete Maya* und *Die nackte Maya* (beide um 1798–1805; Madrid, Prado). Darüber hinaus reicht Goyas Kunst weit in das 19. Jh., dessen erste Jahrzehnte im Zeichen der Auseinandersetzung zwischen Klassizismus und Romantik standen. Allerdings ist Goyas Spätwerk weder als klassizistisch noch als romantisch zu bezeichnen. Vielmehr bringt es in Schreckensszenen die Einblicke Goyas in Abgründe der menschlichen Natur auf erschütternde Weise zum Ausdruck. Insofern weist Goya als einzigartiger Künstler vom 19. auf das 20. Jh. voraus und kann als ein Vorläufer der Spanier **Pablo Picasso** und **Salvador Dalí** betrachtet werden.

Die Schrecken des Krieges

Unter diesem Titel erschien erst 1863 ein Zyklus von Radierungen, die Goya um 1810 begonnen hatte. Thema sind die unmenschlichen Grausamkeiten auf beiden Seiten im Befreiungskampf des spanischen Volkes gegen die französische bzw. napoleonische Fremdherrschaft. Nach der Rückkehr des spanischen Königs **Ferdinand VII.** aus dem Exil (Reg. 1814–33) schuf Goya zwei Gemälde, die sich von allen zeitgenössischen Kriegsbildern durch schonungslosen Realismus unterscheiden und als Titel das Datum des jeweiligen Ausbruchs von Gewalt tragen: *Der 2. Mai 1808* handelt vom Ausbruch des Volksaufstands in Madrid, dem die Mamelucken im französischen Heer zum Opfer fallen; *Der 8. Mai 1808* zeigt die nächtliche Exekution von Aufständischen durch ein gesichtsloses, mechanisches Erschießungskommando (jeweils 1814; Madrid, Prado).

Der 8. Mai 1808

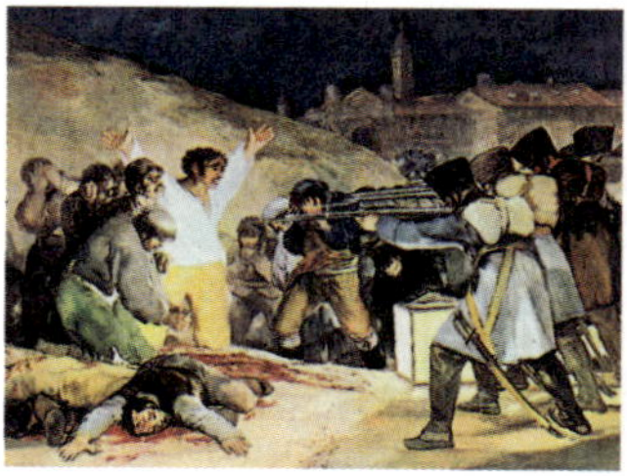

Die „schwarzen Bilder"

Ab 1820 schuf Goya in seinem Landhaus 14 Wandgemälde (Öl auf Verputz). Sie wurden später auf Leinwand übertragen und in den Prado überführt. Zugrunde liegen teilweise frühere Gemälde wie der kleinformatige *Hexensabbath* (1797/98; Madrid, Museo Lázaro Galdiano), der sich in eine riesige grauenvolle Versammlung verwandelt (*Der große Ziegenbock*). Hier herrscht schwarze Nacht wie bei der *Wallfahrt zum hl. Isidor*, bei der sich eine Menschenmasse mit aufgerissenen Augen und Mäulern hinter einem grotesken Gitarrenspieler als „Rattenfänger" durch eine Hügellandschaft schlängelt. Die Szene weckt Erinnerungen an die Aschermittwochs-Prozession *Die Beerdigung der Sardine* (um 1812–19; Madrid, Real Academia) mit einer Menge maskierter Figuren bei einem chaotischen Tanz unter Gewitterwolken.

! Der Sonnenschirm

Im Mittelpunkt von Goyas Frühwerk im Stil des Rokoko stehen die so genannten Kartons, d. h. Entwürfe für Wandbehänge, die in der Königlichen Teppichmanufaktur am Webstuhl angefertigt wurden. Diese Vorlage für Bildteppiche sind ausgezeichnete Gemälde und gehören zu den Schätzen des Prado. Ein köstliches Beispiel für Goyas subtile malerische Wiedergabe von Lichtreflexen zeigt das Bild mit einer jungen Dame, die sich auf einem Hügel niedergelassen hat. Ihr Diener schützt sie mit einem Schirm vor den Sonnenstrahlen. Dagegen ist eine Baumgruppe im Hintergrund in Licht getaucht und kontrastiert mit den kräftigen, zugleich nuancierten Farben der beschatteten Kleidung der Dame.

Klassizismus bis Jugendstil

Im Zeitraum vom ausgehenden 18. Jh. bis zur Wende vom 19. zum 20. Jh. entstanden in rascher Folge neue Stilrichtungen. Den Ausgangspunkt bildete die künstlerische Opposition des Klassizismus gegen Spätbarock und Rokoko. Diesem Gegensatz entsprach die Auflehnung des Bürgertums gegen die politischen und kulturellen Privilegien des Adels und der Kirche, die 1789 durch die Französische Revolution ihre Vorrechte in Frankreich verloren.

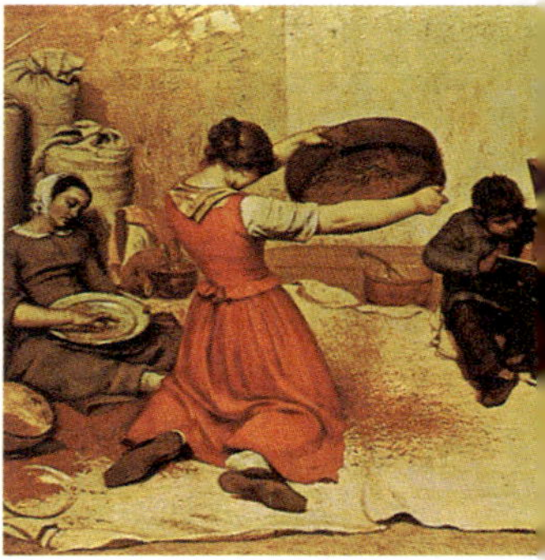

Courbet: Die Kornsieberinnen

Befreiung der Kunst

Diese Entwicklung betraf u. a. die Stellung der Künstler: Ihre traditionelle Bindung an die Privilegierten lockerte sich, und die Befreiung der Kunst bedeutete, dass sich die Künstler dem Urteil einer Öffentlichkeit stellen mussten, die sich vorwiegend mit dem allgemein Anerkannten identifizierte. Orientierungshilfen boten öffentliche Ausstellungen wie die regelmäßige Leistungsschau der aktuellen französischen Kunst im Pariser Salon. Zu den technischen Neuerungen gehörte die Fotografie, die sich um 1830 als Hilfsmittel der Maler entwickelte, dann aber als preiswerte Alternative etwa zur Porträtmalerei mit dem Gemälde konkurrierte.

Künstlergruppen

Eine charakteristische Erscheinung der Malerei im 19. Jh. ist die Entstehung von Künstlergruppen, die sich aus den miteinander befreundeten (statt konkurrierenden) Vertretern einer jeweils neuen Stilrichtung zusammensetzten. Gemeinsam kämpften diese Maler um öffentliche Anerkennung.
Ein frühes Beispiel ist eine Gruppe von Studenten der Wiener Kunstakademie, die sich 1809 im französisch besetzten Wien zum Lukasbund zusammenschlossen und 1810 ein Kloster in Rom bezogen.

Hier bereiteten sich die als **Nazarener** verspotteten Maler, darunter **Johann Friedrich Overbeck** aus Lübeck (1789–1869), darauf vor, im befreiten Deutschland die „nationale" Kunst zu erneuern. Sie zählen zur (deutschen) Romantik in der Auseinandersetzung mit dem (vorwiegend französischen) Klassizismus.

Nach dem Vorbild der Lukasbruderschaft entstand 1848 in London die Präraffaelitische Bruderschaft mit dem Dichter und Maler **Dante Gabriel Rossetti** (1828–1882). Das Vorbild der Kunst vor Raffael sollte eine zeitgemäße nationale Erneuerung der englischen Kunst unterstützen. Die Präraffaeliten widmeten sich religiösen, geschichtlichen sowie literarischen und sozialen Themen der Gegenwart.

Ein Beispiel für eine ländliche Malerkolonie ist die um 1830 im Dorf Barbizon bei Fontainebleu entstandene **Schule von Barbizon** mit **Camille Corot** (1796–1875). In unmittelbarem Kontakt mit der Natur entwickelte sie eine Form der stimmungsvollen, aber naturgetreuen Landschaftsmalerei, die als paysage intime bezeichnet wird.

Eine deutsche Entsprechung ist die ab 1895 im Dorf Worpswede bei Bremen entstandene Schule von Worpswede mit der Künstlerin **Paula Modersohn-Becker** (1876–1907).

Ein weiterer Typus der Gruppenbildung ist die Ausstellungsgemeinschaft. Von 1874 bis 1886 präsentierten sich die Maler um **Claude Monet** in acht privaten Ausstellungen. Sie bezeichneten sich zunächst als Société anonyme und wurden nach der ersten Ausstellung als Impressionisten verhöhnt. Der einzige Teilnehmer, der an allen Ausstellungen teilnahm, war **Camille Pissarro** (1830–1903).

Schließlich sind auch die Sezessionen im späten 19. Jh. als Gruppenbildung zu verstehen. Es han-

? Schon gewusst?

Der Begriff Akademismus bezieht sich auf den Stil, der in den Kunstakademien unterrichtet wurde. Der Begriff erhielt in dem Maße eine abfällige Bedeutung, in dem sich ein Gegensatz zwischen der Erlernbarkeit von (durchschnittlicher, an den allgemeinen Geschmack angepasster) Malerei und innovativer Malerei einzelner Künstlerpersönlichkeiten herausbildete. Alle Stilrichtungen, die im 19. Jh. entstanden und an Bedeutung gewannen, entstanden als Kritik am Akademismus. Ein verwandter Begriff ist Salonmalerei. Er bezieht sich ebenfalls auf eine handwerklich geschickte, aber anspruchslose, gefällige Malerei.

delte sich um Gruppen von Künstlern, die aus den offiziellen, staatlich geförderten Kunstvereinen austraten, so z. B. die Berliner Sezession (1898) unter der Präsidentschaft von **Max Liebermann** (1847–1935); er war für den französischen, aus nationalistischer Sicht feindlichen Impressionismus aufgeschlossen. 1887 gehörte **Gustav Klimt** zu den Gründern der Wiener Sezession, dem österreichischen Jugendstil.

! Stilrichtungen

Klassizismus
Jacques-Louis David (1748–1825)
Romantik
Caspar David Friedrich (1774–1840)
William Turner (1775–1851)
Eugène Delacroix (1798–1863)
Realismus
Gustave Courbet (1815–1877)
Adolph von Menzel (1815–1905)
Impressionismus
Edouard Manet (1832–1883)
Edgar Degas (1834–1917)
Claude Monet (1840–1926)
Auguste Renoir (1841–1919)
Postimpressionismus
Paul Cézanne (1839–1906)
Paul Gauguin (1848–1903)
Vincent van Gogh (1853–1890)
Henri de Toulouse-Lautrec (1864–1901)
Naive Malerei
Henri Rousseau (1844–1910)
Jugendstil
Gustav Klimt (1862–1918)

Jacques-Louis David

! Lebensdaten

1748 Geburt in Paris
1764 Lehre bei Joseph-Marie Vien (1716–1809)
1766 Eintritt in die Ecole des Beaux-Arts der Académie Royale
1775–80 Stipendiat in Rom
1781 Zulassung zur Pariser Salon-Ausstellung
1782 Heirat mit Marguerite Pécoul
1784 Reise mit drei Schülern nach Rom
1792 Als Jakobiner Mitglied im Nationalkonvent
1794/95 Haft nach dem Sturz von Robespierre
ab **1796** Begünstigung durch Napoleon Bonaparte
1804 Hofmaler Kaiser Napoleons I.
ab **1817** Nach Napoleons Sturz und der Rückkehr der Bourbonen (Ludwig XVIII., Gesetz gegen die „Königsmörder") Exil in Brüssel
1825 Tod in Brüssel

Während seines zweiten Aufenthalts in Rom schuf Jacques-Louis

David 1784 das Gemälde *Der Schwur der Horatier* (Paris, Louvre). Zugrunde liegt eine Episode aus dem Streit zwischen den Städten Rom und Alba Longa (um 500 v.Chr.). Er soll durch den Kampf zwischen je drei Brüdern aus den Familien der Horatier und der Curatier entschieden werden. Davids Gemälde zeigt, wie die drei Horatier dem König Tullus Hostilius, der drei Schwerter bereithält, den Schwur leisten, bis zum letzten Blutstropfen zu kämpfen. Verherrlicht wird der Opfermut. Doch statt einer barocken Inszenierung mit Allegorien und auf Wolken schwebenden Göttern als Zeugen zeigt David eine vergleichsweise nüchterne Szene vor einer flächenparallelen Arkade, deren drei Bogen das Bild symmetrisch gliedern: In der Mitte steht der König, links erheben die Horatier die Arme zum Schwur, rechts ahnen zwei trauernde Frauen den Ausgang voraus. Zwei Horatier werden erschlagen, doch der dritte geht als Sieger hervor und sichert damit die Vorherrschaft Roms. Mit diesem Werk setzte David inhaltlich und formal, einschließlich einer klaren Farbgebung, den begeistert anerkannten Maßstab für eine neue klassizistische Darstellung vorbildlicher Menschen.

Kunst und Politik

Davids kunstgeschichtliche Bedeutung beruht einerseits auf seiner entscheidenden Klärung der klassizistischen Gestaltungsweise, andererseits auf seinem vorbehaltlosen politischen Engagement. 1793, im vierten Jahr der Französischen Revolution, entstand für den Saal des Nationalkonvents, der von den radikalen Jakobinern beherrscht wurde, das Gemälde *Der Tod des Marat* (Brüssel, Musées Royaux des Beaux-Arts). Es suggeriert, es zeige den Augenblick unmittelbar nach der Ermordung des Jakobiners **Jean Paul Marat** (1743–1793) in einem Sitzbad, in dem er Linderung sei-

Der Tod des Marat

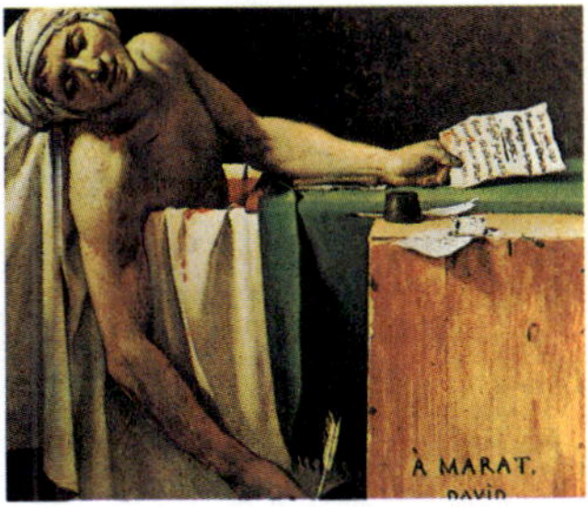

ner körperlichen Beschwerden suchte. Am Boden liegt der blutige Dolch der Mörderin **Charlotte Corday** neben der Schreibfeder, die Marat entglitten ist. Die Wirkung beruht nicht zuletzt darauf, dass David sein klassizistisches, auf agitatorischen Effekt hin konzipiertes Bild in der Tradition christlicher Märtyrerbilder gestaltet hat, allerdings unter Verzicht auf alles religiöse Beiwerk. Marat wird zum profanen Heiligen der Revolution erhoben, zumal bereits ein „Glaubensbekenntnis" zirkulierte. Es begann mit den Worten: „Ich glaube an Marat, den Allmächtigen, Schöpfer der Freiheit und der Gerechtigkeit (...)."

Nach dem Ende der Jakobinerherrschaft büßte David zwar mit Haft, doch bald darauf erlebte er als Günstling **Napoleons** eine steile Karriere mit Gemälden wie *Der Erste Konsul überschreitet die Alpen über den Großen St. Bernhard* (1801, Reiterporträt des Feldherrn Napoleon bei der Eroberung Italiens in mehreren Fassungen, u. a. Berlin, Schloss Charlottenburg; Museum von Malmaison) bis zur riesenhaften, mehr als neun Meter breiten Darstellung der *Krönungszeremonie* am 2. Dezember 1804 in Notre-Dame: Der Kaiser krönte seine Gemahlin **Josephine** (1805/06; Paris, Louvre).

Mit dem Beginn der Restauration in Frankreich wurde David, der sich während der Revolution um den Schutz der Kunstschätze aus den königlichen Sammlungen verdient gemacht hatte, von seiner Vergangenheit als Jakobiner eingeholt. Er hatte im Nationalkonvent für die Hinrichtung **Ludwigs XVI.** gestimmt, die am 21. Januar 1793 vollzogen wurde. So traf ihn das 1816 erlassene „Gesetz gegen die Königsmörder", und er entging einer unmittelbaren Bestrafung

? Schon gewusst?

Der Begriff Klassizismus bezeichnet eine Gegenbewegung zu Spätbarock und Rokoko, die um 1760 entstand. Zugrunde liegt eine neue Sicht der klassischen, nämlich antiken Kunst.

Während die Künstler des Barock die antike Mythologie verherrlichten und die zeitgenössischen Herrscher den antiken Göttern gleichsetzten, gewannen nun die Tugenden der griechischen Demokraten und römischen Republikaner an Bedeutung. Der seit 1755 in Rom tätige Archäologe und Kunstwissenschaftler **Johann Joachim Winckelmann** (1717–1768) widersprach der barocken Inszenierung der Götterwelt, der christlichen Religion und den zeitgenössischen Lebensverhältnissen, indem er die „edle Einfalt und stille Größe" antiker Kunst zum höchsten Ziel der Kunst überhaupt erklärte. Klassizistische Kunst bemüht sich, vor allem diesem Ideal nachzueifern.

Da in den romanischen Ländern das Barockzeitalter (17. und frühes 18. Jh.) als klassische Epoche betrachtet wird, heißt der Klassizismus im späten 18. und frühen 19. Jh. z. B. in Frankreich néoclassicisme, in Italien neoclassicismo.

durch sein Exil in Brüssel. Zu seinem mitgeführten Privatbesitz gehörte der längst aus dem Nationalkonvent entfernte *Tod des Marat.* Davids Ausscheiden aus dem französischen Kunstleben war keineswegs gleichbedeutend mit dem Ende des Klassizismus. Er breitete sich im Gegenteil in ganz Europa aus. Sein wichtigster Vertreter in Frankreich und erbitterter Gegner des Romantikers **Eugène Delacroix** wurde **Jean-Auguste Dominique Ingres** (1780–1867).

Caspar David Friedrich

! Lebensdaten

1774 Geburt im damals schwedischen Greifswald
ab **1794** Studium an der Kunstakademie in Kopenhagen
1798 Niederlassung in Dresden
1815 Mitglied der Kunstakademie Dresden, Wanderungen im Riesengebirge
1818 Heirat mit Christiane Charlotte Bommer, Hochzeitsreise nach Rügen
1824 Professor der Dresdner Kunstakademie ohne Lehrauftrag
1837 Lähmung nach zwei Schlaganfällen
1840 Tod in geistiger Umnachtung in Dresden

Caspar David Friedrich verkörpert als reiner Landschaftsmaler auf herausragende Weise die Romantik in Deutschland. Der Sohn eines Seifensieders erhielt zwar eine konventionelle künstlerische Ausbildung, entzog sich jedoch dem allgemeinen Kunstbetrieb. Als er sich 1778 in Dresden niederließ, war er zwar Student der Kunstakademie, blieb aber dem Unterricht fern und widmete sich als Zeichner intensiven Naturstudien. Sie bildeten die Grundlage seiner stets im Atelier entstandenen Gemälde, die Friedrich ab 1807 in der Technik einer Ölmalerei mit dünnen, übereinander liegenden Lasuren ausführte. 1810 nahm er an der Berliner Akademieausstellung mit zwei Gemälden teil, die vom preußischen König **Friedrich Wilhelm III.** (reg. 1797–1840) erworben wurden: *Mönch am Meer* und *Abtei im Eichenwald* (beide Berlin, Schloss Charlottenburg); v. a. das zweite, eine gotische Ruine zwischen entlaub-

Abtei im Eichenwald

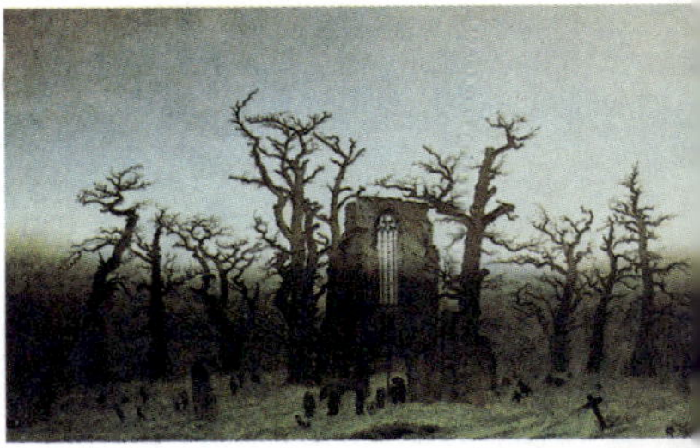

ten Eichen in der Dämmerung eines Wintertages, entsprach den Empfindungen in Preußen nach der Niederlage gegen Napoleon und wurde als vaterländische Landschaft betrachtet. In Dresden erregte Friedrich durch ein Landschaftsgemälde Aufsehen, das als Altarbild für die Kapelle des Schlosses Tetschen in Böhmen entstand: *Das Kreuz im Gebirge* (1808; Dresden, Gemäldegalerie Neue Meister).

Tageszeiten und Lebensstufen

Friedrichs frühe vaterländische und sakrale Landschaften sind Beispiele für die romantische Übersetzung bestimmter Themen in die Empfindungen, die von der Atmosphäre eines Landschaftsbildes hervorgerufen werden. Die vielfältigen Motive, denen sich Friedrich widmete, reichen von Küsten mit Blick auf das Meer über weiträumige Wiesenlandschaften bis zu Gebirgszügen zu unterschiedlichen Tageszeiten. Sie wecken als Naturschilderungen nicht allein Stimmungen, sondern zielen darauf ab, das Werden und Vergehen des Menschen in das gefühlsbetonte Bewusstsein zu bringen. Insofern sind Friedrichs Landschaften naturreligiöse Meditations- und Andachtsbilder. Dabei bediente sich Friedrich in weit geringerem Maße als **Philipp Otto Runge** (1777–1810) der figürlichen Allegorie. Stattdessen sind z. B. Schiffe im Hafen ein Sinnbild der Lebensfahrt, und das Meer mit fernem Horizont versinnbildlicht die Ungewissheit dieser Fahrt.

Der Blick in die Ferne

Ein zentrales Motiv der Landschaften ist der Blick zum fernen Horizont. Sobald Friedrich Personen in seine Gemälde einbezieht, wenden diese dem Betrachter den Rücken zu und dienen, indem sie offenkundig bildeinwärts schauen, als Identifikationsfiguren. Charakteristische Beispiele, die beide 1818 entstanden sind und zu Friedrichs berühmtesten Werken zählen, sind die Gebirgslandschaft *Der Wanderer über dem Nebel-*

Kreidefelsen auf Rügen

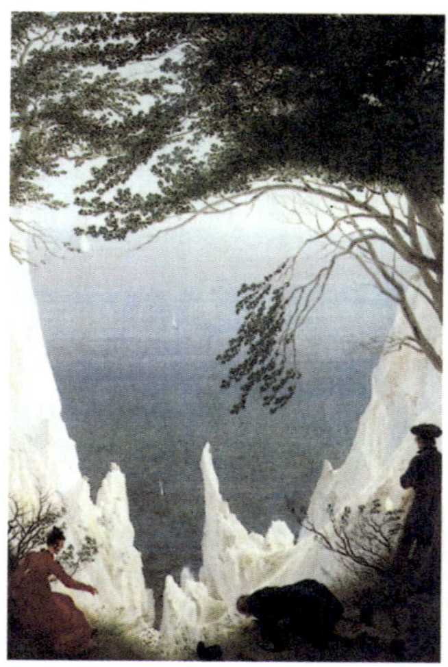

meer (Hamburg, Kunsthalle) und die Küstenlandschaft *Kreidefelsen auf Rügen* (Winterthur, Sammlung Oskar Reinhart). Sie verdeutlichen auch die kompositorische Technik, den Mittelgrund zu überspringen: Der Blick wird vom silhouettenartig gestalteten Vordergrund abrupt in die ahnungsvolle Ferne gelenkt, mitunter gar geschleudert. Dies unterscheidet eine romantische Landschaft von den klassischen Ideallandschaften im 17. Jh., die auf harmonische Weise vom Vordergrund über den Mittelgrund zum Hintergrund gestaffelt sind.

William Turner

(eigentlich Joseph Mallord William Turner)

? Schon gewusst?

Dem Begriff Romantik liegt das englische Eigenschaftswort romantic im Sinne von„romanhaft, unwirklich", zugrunde. Im Deutschen entwickelte sich das Ziel, das Alltägliche und Gewöhnliche durch die Aktivierung von Fantasie und Gemüt zu „romantisieren".

Als Stil der Malerei reicht die Romantik von etwa 1790 bis um 1840 und überschneidet sich zeitlich mit dem Klassizismus. Während dieser an die Vernunft appelliert, betont die Romantik das Gefühlsleben. Diese allgemeine romantische Kunstauffassung prägte sich in den europäischen Ländern auf unterschiedliche Weise aus. Diese Unterschiede verdeutlicht ein Vergleich zwischen den Werken von **Caspar David Friedrich, William Turner** und **Eugène Delacroix**.

! Lebensdaten

1775 Geburt in London
ab **1789** Kunststudium an der Royal Academy
1793–97 Studienreisen in Südengland
1802 Mitglied der Royal Academy, Reisen in die Schweiz und nach Paris
1811 Professor für Perspektive an der Royal Academy (Vorlesungen bis 1828)
1817 Reise durch das Rheintal über Köln bis Mainz
1819 Erste Italienreise bis Neapel
1828 Reise nach Florenz und Rom
1833 Reise über Berlin, Prag und Wien nach Venedig
1840 Zweiter Aufenthalt in Venedig
1845 Letzte Auslandsreise (Picardie)
1851 Tod in London, Beisetzung in der Kathedrale Saint Paul's

William Turner, der Sohn eines Perückenmachers und aus heutiger Sicht der bedeutendste englische Maler im 18. Jh., war zu seiner Zeit in einen offiziellen, von seinen Zeitgenossen geehrten, und einen inoffiziellen Künstler geteilt, der seiner Zeit weit voraus war und erst im 20. Jh. in angemessener Weise gewürdigt worden ist. Das Mitglied der Royal Academy machte sich als Historienmaler einen Namen. Dabei knüpfte Turner an die Tradition der Ideallandschaft im 17. Jh. an, ausgestattet mit dramatischen, wenn auch kleinformatigen Szenen aus der Bibel und der antiken Sagenwelt: *Die zehnte ägyptische Plage* nach dem Buch *Exodus* (1802; London, Tate Gallery); *Odysseus verhöhnt Polyphem* nach der *Odyssee* von **Homer** (1829; London, National Gallery). Nur dem engsten Freundeskreis waren Turners Werke bekannt, die biblische, aber auch zeitgenössische Themen in rein farbliche Erscheinungen verwandelten: Um 1843 entstanden die beiden Gemälde *Schatten und Dunkel – Am Abend nach der Sintflut* und *Licht und Farbe – Am Morgen nach der Sintflut: Mode schreibt das Buch Genesis* (beide London, Tate Gallery); wesentliche Anregungen entnahm Turner der 1810 erschienenen *Farbenlehre* **Johann Wolfgang von Goethes** (1749–1832) aus einem Kapitel über die sittliche Wirkung der Farben. 1844 malte Turner die diagonal über eine Brücke dampfende Westbahn, die in einen Dunstschleier gehüllt ist. Dieses Gemälde zum Thema der technischen Führungsrolle Englands erhielt den auf die Licht- und Farbatmosphäre bezogenen Titel *Regen, Dampf und Geschwindigkeit* (London, National Gallery).

Aquarellmalerei

Nach Turners Tod gelangten neben 279 geheimen Gemälden annähernd 2000 Zeichnungen und Aquarelle in britischen Staatsbesitz. Dieser Nachlass des inoffiziellen Künstlers bezeugt seine unermüdliche Auseinandersetzung mit den vielfältigen Eindrücken seiner Reisen durch ganz Europa. Manches war zwar durch Illustrationen in Publikationen bekannt geworden, z. B. malerische Tour durch Italien mit klassischen Beschreibungen. Aber erst die aquarellierten Landschaften gaben erste Einblicke in Turners kühne und formauflösende Wiedergabe des Zusammenhangs zwischen Farbe und Licht.

Vorläufer der Impressionisten

Wie weit der inoffizielle Turner seiner Zeit voraus war, zeigen seine Ansichten aus Venedig, der traditionellen Heimat der „malerischen Malerei". Späte Werke wie die Ölgemälde *Ansicht der Piazetta* (um 1840; London, Tate Gallery) und *Die Dogena und Santa Maria della Salute* (um 1843; Washington, National Gallery of Art) reduzieren die konturierenden Linien auf ein Minimum zugunsten lichtgetränkter Farbschleier, in denen die Architektur der Lagunenstadt zu erahnen ist.

! Die letzte Fahrt der Téméraire

Das Gemälde aus dem Jahr 1839 (London, Tate Gallery) handelt von einem Wendepunkt in der Schifffahrt: Ein mächtiger Dreimaster wird von einem Dampfboot in den Hafen geschleppt. Dies ist die Handlung der linken Hälfte. Die rechte Hälfte handelt ebenfalls von einem Abschied: Hier geht die Sonne unter. Ihr Licht färbt die Wolken, und auch die Wasserfläche ist in goldenes und rotes Licht getaucht. Diesem Naturschauspiel antwortet der Rauch aus dem Schlot des Schleppers, wobei sich düsteres Grau mit Feuerschein mischt. Indem die Horizontlinie tief angesetzt ist, sind drei Viertel der Bildfläche dem Himmel vorbehalten. Hier verflüchtigt sich die farbliche Dramatik der unteren Bildhälfte zu einem malerischen Dunst.

An die Stelle der Stadtansichten, die im 18. Jh. der Venezianer **Canaletto** (1697–1768) als topografisch exakte Veduten zugleich mit malerischen Reizen ausgestattet hatte, treten zunehmend Impressionen der farblichen Atmosphäre von Venedig, wobei Himmel, Häuser und Wasser nahezu verschmelzen. Insofern lässt sich der Romantiker William Turner als der erste Impressionist betrachten.

Eugène Delacroix

! Lebensdaten

1798 Geburt in Saint-Maurice-Charenton bei Paris
1806 Internatsschüler in Paris
1815 Lehre bei dem Klassizisten Pierre-Narcisse Guérin (1774–1833)
1816 Eintritt in die Ecole des Beaux-Arts
1822 Debüt im Pariser Salon
1825 Aufenthalt in England, in London Unterricht in Aquarellmalerei
1830 Augenzeuge der Julirevolution in Paris
1832 Mitglied einer Mission zum Sultan von Marokko
1839 In Antwerpen Begeisterung für Peter Paul Rubens
1840 Erster Staatsauftrag als Wandmaler

! Lebensdaten

1855 Retrospektive im Rahmen der Weltausstellung und Ernennung zum Kommandeur der Ehrenlegion
1857 Wahl in das Institut de France
1859 Letzte Beteiligung an der Salon-Ausstellung
1863 Tod in Paris

Eugène Delacroix erlebte vier Epochen der französischen Geschichte: das erste Kaiserreich (sein leiblicher Vater war vielleicht Napoleons Außenminister **Talleyrand** (1754–1838), der standesamtliche Vater wurde zum Präfekten befördert), die Restauration, die Herrschaft des „Bürgerkönigs" **Louis Philippe** 1830–48 und das zweite Kaiserreich **Napoleons III**. Vor diesem Hintergrund entwickelte sich Delacroix zum herausragenden Repräsentanten der Romantik in Frankreich. Sie diente der Befreiung von der zur Fessel degenerierten Tradition des „blutleeren" Klassizismus. Dagegen entwickelte Delacroix eine malerische Welt der Leidenschaften, wobei die Themen aus Geschichte, Literatur und Zeitgeschichte stammen. Dies bedeutete zugleich, dass Delacroix zu einer Wiederbelebung der Prinzipien barocker Malerei beitrug, zumal er ab 1840 große öffentliche Aufträge als Wandmaler ausführte. Zu seinen malerischen Errungenschaften gehörte die farbliche Gestaltung von Schattenpartien, was insbesondere die späteren Impressionisten weiterentwickelten.

Orientalismus

Die führende Rolle, die Delacroix in der französischen Romantik einnimmt, beruht auf seiner überzeugenden Hinwendung zum Orient, den er 1832 während seiner Reise nach Marokko kennen gelernt hatte. Die arabische Kultur in Nordafrika diente den Romantikern in Frankreich als lebendige Alternative zur griechischen und römischen Antike, die längst der Vergangenheit angehörte und von den Klassizisten künstlich zum Leben erweckt wurde. Die aquarellierten Zeichnungen, die Delacroix während der Marokkoreise anfertigte, dienten ihm für Jahrzehnte als Vorlagen für Darstellungen orientalischer Szenen wie Araber im Kampf oder auf der Jagd. Zu den malerisch herausragenden Werken gehört das Interieur *Die Frauen von Algier* (1834; Paris, Louvre).

Weltliteratur

Delacroix debütierte 1822 im Pariser Salon mit der hochdramatischen *Dantebarke* (Paris, Louvre) nach einem Thema in Dantes *Göttlicher Komödie* (vollendet 1321): Dante und sein Begleiter

! Die Freiheit führt das Volk auf die Barrikaden

Mit diesem Gemälde im Louvre, das 1831 im Salon gezeigt wurde und Ausstellungsbesucher wie den politisch engagierten Romantiker **Heinrich Heine** (1797–1856) begeisterte, schuf Delacroix das herausragende künstlerische Echo der Pariser Julirevolution von 1830. Mit dem Sturz des letzten Königs aus der Dynastie der Bourbonen endete in Frankreich die Restauration alter Privilegien von Adel und Kirche, und das Gemälde markierte den Beginn einer neuen Zeit. Die zentrale Figur ist eine mit entblößter Brust, einem Gewehr und der rot-weiß-blauen Fahne vorwärtsstürmende Allegorie der Freiheit. Romantisch ist das Gemälde aufgrund seines Verzichts auf eine lebensferne Idealisierung. Stattdessen geben die Farbgebung, Komposition und Charakterisierung der Personen „dem Bild eine Wahrheit, eine Wesenheit, eine Ursprünglichkeit, und man ahnt darin die wirkliche Physiognomie der Julitage" (Heine).

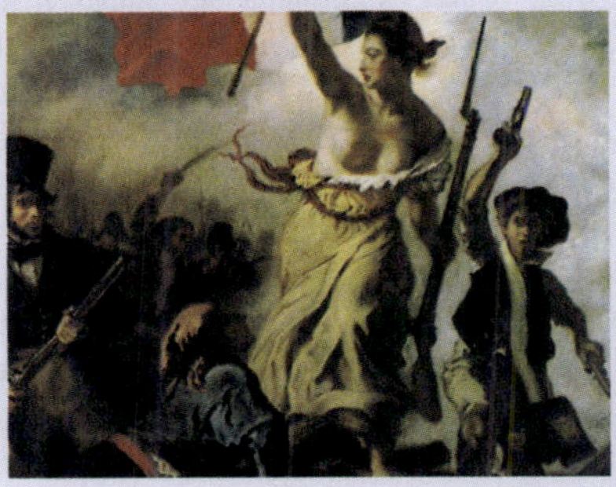

Die Freiheit führt das Volk auf die Barrikaden

Vergil überqueren im Boot des Fährmanns Phlegias den Höllenfluss Styx. 1825 faszinierten den Maler in London, später auch in Paris Aufführungen von Dramen **William Shakespeares** (1564–1616); ihnen widmete er in den folgenden Jahren einige seiner berühmtesten Gemälde (*Hamlet und die beiden Totengräber*, 1839; Paris, Louvre). 1829 erschien in Paris eine Ausgabe der französischen Übersetzung von **Goethes** *Faust I*, ausgestattet mit 17 Lithografien von Delacroix, der 1827 das Ölgemälde *Mephisto erscheint Faust* (London, Wallace Collection) geschaffen hatte. Zu seinen Lieblingsdichtern, dessen Werke ihn zu zahlreichen Gemälden inspirierten, gehörte vor allem der englische Romantiker Lord **George Gordon Byron** (1788–1824).

Gustave Courbet

Gustave Courbet begründete den Realismus in der französischen Malerei, der in ganz Europa tonangebend wurde, aber auch als angebliche Trivialisierung der Kunst Gegenbewegungen wie den Idealismus hervorrief. Der Sohn einer Bauernfamilie aus der Provinz vermied während seiner Ausbildung den konventionellen Akademismus. 1850 rief er im Pariser Salon mit dem Gemälde *Das Begräbnis in Ornans* (Paris, Musée d'Orsay) lautstarke Empörung hervor. Courbet hatte gewagt, eine belanglose Beerdigung mit einer Trauergemeinde namenloser Bauern in einem Format (3,15 x 6,68 m) darzustellen, das bislang nur bedeutenden Themen der Historienmalerei zustand. Auch als Landschaftsmaler ging Courbet neue Wege. In einer Zeit, in der noch die Italiensehnsucht vorherrschte, entdeckte er französische Gegenden als kunstwürdig, die bislang unbeachtet geblieben waren, etwa die Cote d'Azur, die er 1854 als Gast seines in Montpellier lebenden Mäzens **Alfred Bryas** aufsuchte, oder die Küste der Normandie (*Steilküste von L'Etretat nach dem Gewitter*, 1869; Paris, Musée d'Orsay). Courbets Leidenschaft für die Jagd bezeugen Tierbilder und das Winterbild *Hirschjagd* (1867; Musée de Besançon).

! Lebensdaten

1819 Geburt in Ornans (Provinz Franche-Comté)
1837 Kurse an der Kunstschule von Besançon
1839 Ausbildung in Paris in privaten Ateliers statt in der akademischen Ecole des Beaux-Arts
1844 Debüt im Pariser Salon
1849 Vom Vater eingerichtetes Atelier in Ornans
1855 Privater Pavillon „Réalisme" im Rahmen der Pariser Weltausstellung
1858/59 Aufenthalt in Frankfurt a.M.
1861 Rede über den Realismus auf einem Künstlerkongress in Antwerpen
1869 Ausstellung in München, Freundschaft mit Wilhelm Leibl
1871 Mitglied der aufständischen Pariser Commune (Stadtparlament), nach Niederschlagung des Aufstands Verurteilung durch ein Militärgericht
ab **1873** Exil am Genfer See
1877 Tod in La-Tour-de-Peiz bei Vevey/Schweiz

Eine „reale Allegorie"

Diesen Untertitel gab Courbet seinem großformatigen Gemälde *Das Atelier des Künstlers* (Paris, Musée d'Orsay). Es beherrschte als jüngstes Werk den privaten Weltausstellungs-Pavillon mit 40

Gemälden, dem Courbet den programmatischen Namen Réalisme gab. Ein Aktmodell und ein kleiner Junge beobachten neugierig seine Arbeit. Rechts sind nach Courbets eigener Beschreibung die Freunde seiner Kunst porträtiert, darunter der in ein Buch vertiefte Dichter **Charles Baudelaire** (1821–1867), links verkörpern einige recht finstere Figuren die andere Welt, darunter „die Ausbeuter und die Ausgebeuteten". Das Gemälde trennt insofern noch Kunst und Lebenswirklichkeit; so gestaltete Courbet weibliche Aktfiguren als Verkörperungen der elementaren Lebenskraft (*Die Quelle*, 1869: Paris, Musée d'Orsay). Andererseits stand Courbet politisch auf der Seite der Ausgebeuteten. Zu seinen Freunden gehörte der Frühsozialist **Pierre Joseph Proudhon** (1809–1865), von dem die Formel stammt „Eigentum ist Diebstahl". Sein Porträt findet sich auf der rechten Seite des Atelierbildes.

Ein deutscher Freund

1869 schloss Courbet in München Freundschaft mit **Wilhelm Leibl** (1844–1900), den er im folgenden Jahr in Paris empfing. In gewisser Weise erregte Leibl mit seinem lebensgroßen Gemälde *Drei Frauen in der Kirche* (1878–81; Hamburg, Kunsthalle) ähnliche Entrüstung wie einst Courbet mit dem *Begräbnis in Ornans.* Die Kritik von Malern wie **Arnold Böcklin** (1837–1901) an seiner realistischen Darstellung des anscheinend Belanglosen (in seinem Fall die ländliche Bevölkerung in Oberbayern) erklärte sich Leibl so: „Meine Gegner sind wohl deshalb meine Gegner, weil ich mich von dem alten konventionellen Schlendrian, den sie Idealismus nennen, losgemacht habe."

? Schon gewusst?

Dem Begriff Realismus liegt das lateinische Eigenschaftswort realis in der Bedeutung „sachlich" zugrunde. Allgemein wird eine wirklichkeitsgetreue Darstellung, die schon in der Renaissance angestrebt wurde, als realistisch bezeichnet. Als Stilbegriff bezieht sich Realismus auf die Gegenbewegung zur Romantik ab den 1840er-Jahren. Mit Naturalismus wird eine Strömung innerhalb des Realismus bezeichnet, die sich sachlich mit den sozialen Verhältnissen der unteren Schichten der Gesellschaft beschäftigt, die bisher – wenn überhaupt – als eine romantische Randerscheinung zur Kenntnis genommen wurden. Zu den sozial engagierten Malern im 19. Jh. gehörte neben **Gustave Courbet** der **Russe Ilja Repin** (1844–1930).

Adolph (von) Menzel

! Lebensdaten

1815 Geburt in Breslau
1830 Übersiedlung der Familie nach Berlin
1833 Einjähriges Kunststudium an der Berliner Kunstakademie
ab **1834** Tätigkeit als Illustrator
um **1839** Erster Auftrag als Maler
1853 Ernennung zum Mitglied der Berliner Akademie
1855 Besuch der Pariser Weltausstellung
1870 Friedensorden „Pour le mérite“ für Wissenschaften und Künste
1872 Studienreise nach Oberschlesien
1898 Erhebung in den Adelsstand
1905 Tod in Berlin

Ähnlich wie der englische Romantiker **William Turner** unterschied der deutsche Realist Adolph Menzel, der im Alter von 83 Jahren geadelt wurde, zwischen öffentlichen Werken und Arbeiten, die nicht für die Öffentlichkeit bestimmt waren. Diese als bloße Studien bezeichneten Ölgemälde zählen zu den Meisterwerken deutscher Malerei in der zweiten Hälfte des 19. Jh. Beispiele sind das menschenleere, doch von Tageslicht erfüllte *Balkonzimmer* (1856; Berlin, Nationalgalerie) oder die *Atelierwand* (1871; Hamburg, Kunsthalle). Die realistische Hinwendung zu Themen des beginnenden Industriezeitalters kennzeichnet Menzels Frühwerk (*Die Berlin-Potsdamer Eisenbahn*, 1847; Berlin, Nationalgalerie), zum Spätwerk gehören figurenreiche Gemälde, die auf Skizzen während regelmäßiger Reisen nach Süden und Kuraufenthalten beruhen. Sie spiegeln die Anfänge des Tourismus wider (*Fronleichnamsprozession in Hofgastein*, 1880; München, Neue Pinakothek; *Markt auf der Piazza d'Erbe in Verona*, 1884; Dresden, Gemäldegalerie Neue Meister). Dazwischen liegen die Gemälde zur preußischen Geschichte und malerische Schilderungen der Hoffeste in der Haupt-

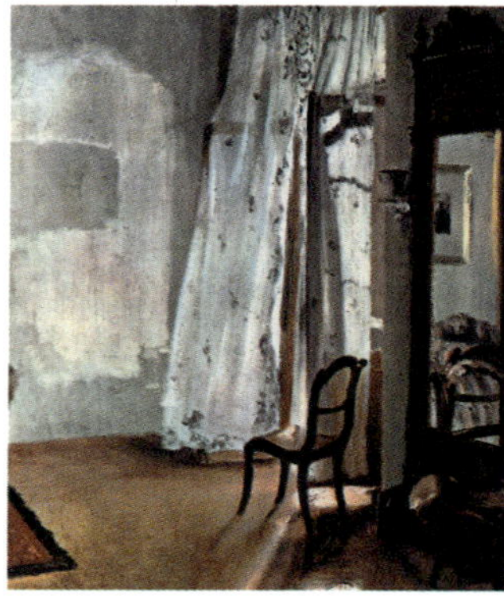

Balkonzimmer

stadt des neuen Kaiserreiches (*Ballsouper*; 1878; Berlin, Nationalgalerie).

Der Fridericus-Rex-Zyklus

Ab 1839 schuf Menzel 400 Zeichnungen zur *Geschichte Friedrichs des Großen* (1842) des Kunsthistorikers **Franz Kugler** (1808–1858). Danach illustrierte Menzel ein Werk über die Armee Friedrichs des Großen und ihre Uniformen (sowie eine Prachtausgabe der *Werke Friedrichs des Großen;* 1849). Menzels historische Studien, die diese Grafiken erforderten, kamen dem Realismus der Gemälde über **Friedrich II.** (Reg. 1740–86) zugute, die 1850–60 entstanden sind. Sie zeichnen sich durch Detailgenauigkeit aus, v. a. aber durch farbliche Qualität und psychologische Einfühlung in die geschichtlichen Personen. Dies bezeugen die (verschollene) *Tafelrunde in Sanssouci* (mit dem Philosophen Voltaire als Friedrichs Gesprächspartner) von 1850 und das *Flötenkonzert in Sanssouci* (1852; Berlin, Nationalgalerie).

Ein Preuße in Paris

Bei seinem Besuch der Weltausstellung von 1855 lernte Menzel die aktuelle französische Kunst kennen, etwa in Courbets Pavillon Réalisme. Im Jahrzehnt vor dem Deutsch-Französischen Krieg 1870/71 hielt er sich erneut zweimal in der Metropole an der Seine auf (1867, 1868). Meisterwerke wie eine Vorstellung im *Théâtre du Gymnase* (1856; Berlin, Nationalgalerie), *Ein Nachmittag im Tuileriengarten* (1867; Dresden, Gemäldegalerie Neue Meister) und *Pariser Wochentag* (1869; Düsseldorf, Kunstmuseum) vergegenwärtigen die lebhaften und künstlerisch inspirierenden Pariser Eindrücke.

! Das Eisenwalzwerk

1872 reiste Menzel nach Oberschlesien. In Königshütte (heute Chorzów) besuchte er ein Werk, in dem Eisenbahnschienen hergestellt wurden. Aus den hier angefertigten Studien entwickelte Menzel 1874/75 das eindrucksvollste Industriebild des 19. Jh. (Berlin, Nationalgalerie). Die Bedeutung beruht neben der malerischen Gestaltung einer dampfgefüllten, verglasten Halle auf der Darstellung der Arbeiter und ihrer Arbeitsverhältnisse: Sie kämpfen geradezu mit einem glühenden Eisenblock, und vor einem Schutzschirm gegen die Hitze nehmen sie am Arbeitsplatz ihre Mahlzeit ein. Bläulicher Dunst sowie glühendes Rot und Gelb ergeben ein farbliches Spannungsfeld, durchkreuzt vom schwarzen Skelett der Hallenkonstruktion.

Edouard Manet

! Lebensdaten

1832 Geburt in Paris
1848/49 Vergebliche Bemühungen um Aufnahme in die Marine
1850–56 Ausbildung im Atelier von Thomas Couture
1851 Beziehung zur Pianistin Suzanne Leenhoff
1852 Geburt des unehelichen Sohnes Léon-Edouard
1853 Reise nach Dresden, München, Venedig, Rom
1857 Reise nach Florenz
1861 Erster Erfolg im Pariser Salon
1863 Heirat mit Suzanne Leenhoff
1865 Reise nach Madrid
1866 Bekanntschaft mit Claude Monet
1870 Mitglied der Nationalgarde
1881 Ritter der Ehrenlegion
1883 Tod in Paris

Edouard Manet, der Sohn eines höheren Beamten, repräsentiert den Übergang vom Realismus zum Impressionismus. Während der Ausbildung bei **Thomas Couture** (1815–1879), der 1847 mit dem monumentalen historischen Sittenbild *Die Römer der Verfallszeit* (Paris, Musée d'Orsay) Triumphe gefeiert hatte, widmete sich Manet im Pariser Louvre sowie in deutschen und italienischen Sammlungen der malerischen Tradition seit der Renaissance. Aus dem kunstgeschichtlichen Erbe entwickelte Manet einen eigenen, dem Naturalismus verwandten Stil mit revolutionärer Sprengkraft. Als Künstler, dessen Figuren den konventionellen Sehgewohnheiten Widerstand entgegensetzten, wurde Manet von einer Gruppe junger Maler, die später als Impressionisten bezeichnet wurden, als Wegbereiter verehrt. Umgekehrt griff Manet impressionistische Techniken wie die Malerei im Freien bzw. Freilichtmalerei auf. Zu Manets Verdiensten gehört die Förderung von zwei Malerinnen: seine Schülerin (ab 1859) **Eva Gonzalès** und **Berthe Morisot** (1841–1895), die sich zu einer bedeutenden Vertreterin des Impressionismus entwickelt hat; 1874 heiratete sie Manets jüngeren Bruder Eugène.

Ein Gruppenbild

Unmittelbar vor Ausbruch des Deutsch-Französischen Krieges 1870/71 malte **Henri Fantin-Latour** *Ein Atelier in Batignolles*, benannt nach einem Pariser Stadtviertel als Treffpunkt von Künstlern (Paris, Musée d'Orsay). Es zeigt Manet an der Staffelei, während er den Schriftsteller **Zacharie Astruc** porträtiert. Dieser gehörte ebenso zu Manets Verteidigern wie **Emile Zola** (1840–1902). Zu den im Atelier versam-

Olympia

Das bekannteste Beispiel für Manets provozierenden Umgang mit den Schätzen der Kunstgeschichte ist der liegende weibliche Akt Olympia (1863; Paris, Musée d'Orsay), den Manet nach dem Skandal des Frühstücks im Freien/Das Bad (1861; Paris, Musée d'Orsay) erst 1865 im Salon zeigte. Zugrunde liegt Tizians Venus von Urbino, die Manet in Florenz in Form einer Ölskizze kopiert hatte. Doch statt einer Göttin schuf Manet eine realistische Prostituierte für gehobene Ansprüche, die den Betrachter in seiner Eigenschaft als potentieller Freier zu taxieren scheint. Die moralische Entrüstung verbarg sich vielfach hinter der Kritik an Manets Verzicht auf die traditionelle Idealisierung der weiblichen Anatomie.

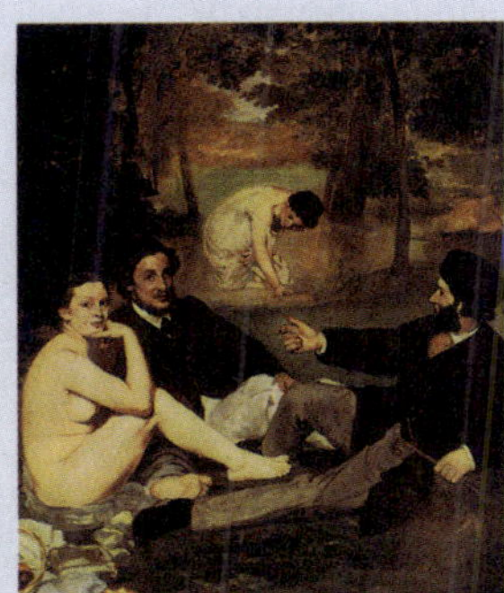

Frühstück im Freien

melten Malern gehören **Claude Monet** und **Auguste Renoir** sowie der im Krieg gefallene **Frédéric Bazille** (1841–1870).

Vom Atelier ins Freie

Den Schritt von der realistischen Ateliermalerei zur impressionistischen Freilichtmalerei zeigen zwei Gemälde der Neuen Pinakothek in München. 1868 entstand das *Frühstück im Atelier* mit einem Stillleben auf dem Frühstückstisch, an dem ein belangloser junger Mann mit Strohhut lehnt (Modell stand Manets Sohn). Sechs Jahre später arbeitete Manet gemeinsam mit **Monet** in Argenteuil an der Seine. Hier entstand das Gemälde *Die Barke.* Es zeigt Monet und seine Frau auf einem als Freilicht-Atelier eingerichteten Boot. Die Freilichtmalerei kennzeichnet auch Manets neue Malweise, die Lichtreflexe auf dem Wasser, dem Boot und die Landschaft im Hintergrund mit einzelnen Pinselstrichen wiedergibt. Im selben Jahr fand die erste Gruppenausstellung der Impressionisten statt. An keiner davon hat Manet teilgenommen.

Edgar Degas

(eigentlich Germain-Edgar de Gas)

Edgar Degas, Sohn eines Bankiers mit Verwandtschaft in Italien und den USA, wird heute häufig mit impressionistischen Ballettszenen identifiziert. Dabei wird übersehen, dass dieses Thema nur einen Ausschnitt aus dem breiten Spektrum künstlerischer Interessen des Malers bildet: aus dem Studium ungewöhnlicher Bewegungen aus zufälligen Blickwinkeln und aus der Beschäftigung mit dem Leben in der Großstadt mit ihrem Angebot an Unterhaltung. Umso überraschender ist, dass Degas die Zeichenkunst des Spätklassizisten **Jean-Auguste-Dominique Ingres** (1780–1886), den er noch persönlich kennen lernte, besonders bewunderte und sich zunächst der Historienmalerei widmete (*Semiramis erbaut Babylon*, 1861; Paris, Musée d'Orsay). Zwei Künstlerinnen, die Degas förderte, waren die in Paris tätige Impressionistin **Mary Cassatt** (1845–1926) aus den USA sowie **Suzanne Valadon** (1865–1938), die sich vom Modell zur bedeutenden Malerin entwickelte; ihr Sohn, **Maurice Utrillo** (1883–1955), spezialisierte sich auf Ansichten des Pariser Künstler- und Vergnügungsviertels Montmartre.

! Lebensdaten

1834 Geburt in Paris
1853 Abbruch des Jurastudiums und Beginn einer künstlerischen Ausbildung
1855 Studium an der Pariser Ecole des Beaux-Arts
1856-59 Aufenthalt in Italien (Florenz, Rom, Neapel)
1862 Bekanntschaft mit Edouard Manet
1870 Mitglied der Nationalgarde
1872 Reise in die USA (New Orleans)
ab **1874** Teilnahme an sieben der acht Gruppenausstellungen der Impressionisten
ab **1880** Tänzerinnen aus Wachs (später in Bronze gegossen)
um **1898** Ein Augenleiden führt zur Erblindung
1917 Tod in Paris

Bühne und Rennplatz

Degas gehört zu den Künstlern, die das Leben in der Großstadt für die Kunst entdeckt haben. Sein Impressionismus ergibt sich aus rasch wechselnden Eindrücken, die sich einer harmonischen Anordnung von Personen und Gegenständen widersetzen. Diese Erfahrung prägt in den Gemälden ab den 1860er-Jahren eine Dar-

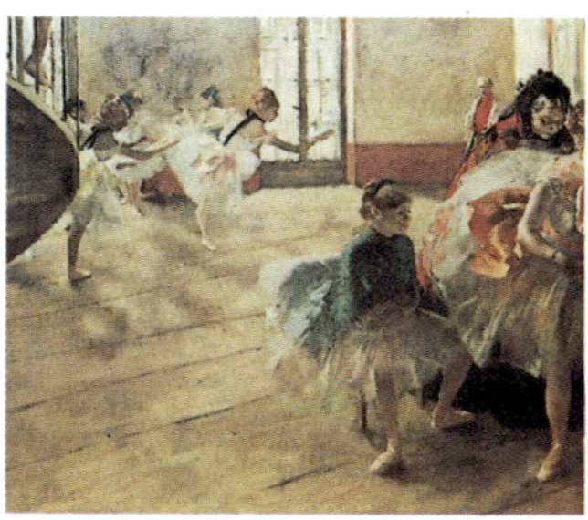

Die Probe

stellungsweise, die davon absieht, die Figuren in einer ausgewählten und vorteilhaften Pose wiederzugeben. So zeigen die Szenen im Theater und in Konzertcafés die Balletteusen oder Sängerinnen im unbemerkten Augenblick vor dem Auftritt hinter oder zwischen den Kulissen (*Blaue Tänzerinnen*, um 1890; Paris, Musée d'Orsay) oder aus der momentanen Sicht des Publikums: Das Gemälde *Die Sängerin mit den Handschuhen* (1878; Cambridge/Mass., Fogg Art Museum) zeigt eine Sängerin mit weit geöffnetem Mund und erhobener rechter Hand; das Gesicht ist vom Licht am unteren Bühnenrand geradezu gespenstisch beleuchtet. Im Unterschied zu dieser Nahsicht erfasst der Blick in anderen Fällen von den hinteren Reihen aus sowohl die Bühne als auch die Instrumente der Musiker im Orchestergraben und das Publikum der vorderen Reihen.

Ähnlich zufällig wirken die Ausschnitte beim Blick auf Ereignisse auf dem Rennplatz (*Rennpferde vor der Tribüne*, um 1878; Paris, Musée d'Orsay). Die Tatsache, dass häufig die Personen das Blickfeld verlassen und nur noch teilweise im Gemälde erscheinen, lässt sich auf Degas' Beschäftigung mit der Fotografie und ihren Schnappschüssen zurückführen. Degas sammelte Fotos und fotografierte auch selbst.

Schlüsselloch-Perspektive

Dieser Begriff bezieht sich auf den Endpunkt einer Entwicklung, die von den ausschnitthaften Bildkompositionen über zufällige Blickwinkel bis zum Eindruck führt, Degas habe seine Modelle, die oft in verrenkten Haltungen

! Die Tanzklasse

1874, im Jahr der ersten Impressionisten-Ausstellung, an deren Organisation Degas mitgewirkt hatte, entstand der Blick in einen Übungsraum, in dem ein stämmiger Tanzmeister seinen Schülerinnen während einer Unterrichtspause Anweisungen gibt (Paris, Musée d'Orsay). Kennzeichnend für Degas' „Optik" sind die Zufälligkeit des schrägen Blicks in den Raum und der scheinbar ungeordnete Bewegungsrhythmus, den die verschiedenen Haltungen der pausierenden Schülerinnen ergeben. Diesen Rhythmus unterstützen die zahlreichen farblichen Akzente aus gelben, grünen und blauen Schleifen auf weißem Tüll; im Vordergrund leuchtet eine rote Blüte im Haar einer Schülerin mit dem Rücken zum Betrachter. Durch eine unsichtbare Fensterfront flutet Tageslicht in den Raum und ruft zahlreiche Reflexe hervor.

dargestellt sind, heimlich beobachtet. Dies betrifft v. a. die Aktmalerei. Beispiele sind das Ölgemälde *Die Toilette* (um 1887; New York, Metropolitan Museum of Art) und das Gemälde *Nach dem Bade* (um 1888/92; München, Neue Pinakothek) in der Technik der Malerei mit Pastellstiften, die Degas in seiner letzten Schaffenszeit verwendete.

Claude Monet

Claude Monet ist der konsequenteste Vertreter der impressionistischen Freilichtmalerei. Im Mittelpunkt seines umfangreichen Gesamtwerks aus sechs Jahrzehnten stehen Naturlandschaften aus der Umgebung von Paris, der Normandie und der Côte d'Azur, aber auch Stadtlandschaften von Paris, London und zuletzt Venedig. Kompositorisch beeinflussten ihn, wie die meisten seiner Kollegen, die Flächenwirkung und kühne Bildaufteilung japanischer Farbholzschnitte, die ab den 1850er-Jahren im Handel waren. Im Unterschied zu den übrigen Impressionisten stieß Monet am Ende an die Grenze zur abstrakten bzw. gegenstandslosen Malerei. Das beste Beispiel sind die riesigen, auf Leinwand gemalten Wasserflächen mit Wolkenspiegelungen und Wasserpflanzen. Monet hatte das Projekt *Seerosen* 1918 aus Anlass des Waffenstillstandes während des Ersten Weltkriegs, dem französischen Staat gewidmet; 1927 wurden die *Seerosen,*

! Lebensdaten

1840 Geburt in Paris
1845 Übersiedlung nach Le Havre
1861 Militärdienst in Algerien
1862–64 In Paris mit Renoir im Atelier von Charles Gleyre (1806–1874); beginn der Freilichtmalerei
1866 Bekanntschaft mit Edouard Manet
1870 Heirat mit Camille Doncieux, Mutter des gemeinsamen Sohnes Jean (geb. 1869)
1870/71 Während des Krieges Aufenthalt in London
1872–78 Die Familie Monet wohnt in Argenteuil
1874 Erste Gruppenausstellung in Paris
1878 Geburt des Sohnes Michel
1879 Monet wird Witwer
1883 Niederlassung in Giverny, Lebensgemeinschaft mit Alie Hoschedé (Heirat 1892)
1908 Reise nach Venedig
1911 Monet wird erneut Witwer
1912 Vermindertes Sehvermögen (grauer Star), es droht völlige Erblindung
1923 Erfolgreiche Augenoperation
1926 Tod in Giverny

an denen Monet bis zuletzt gearbeitet hat, in einem Saal der Pariser Orangerie angebracht. Der Saal erhielt den Namen *Sixtinische Kapelle des Impressionismus.*

Bildserien

Monets künstlerisches Interesse an der malerischen Wiedergabe der formverändernden Wirkung des Lichtes und der Atmosphäre verschiedener Wetterlagen führte ihn zu beinahe wissenschaftlich anmutenden Bildserien. Den Anfang machten um 1875 Ansichten dampfender Lokomotiven bei der Einfahrt in den Pariser *Bahnhof Saint-Lazare*. Es folgten 1890/91 die Serie der *Heuschober* im Spätherbst und Winter, 1891 die Serie *Pappeln an der Epte*, 1892/93 die Westfassade der *Kathedrale von Rouen* mit Titeln wie *Harmonie in Blau, Harmonie in Weiß, Harmonie in Blau und Gold* sowie *Harmonie in Braun* (alle vier Tageszeiten-Bilder Paris, Musée d'Orsay).

? Schon gewusst?

Der Begriff Impressionismus bezeichnet in wörtlicher Übersetzung die „Eindruckskunst" im Gegensatz zur späteren „Ausdruckskunst" des Expressionismus. Der Begriff leitet sich von einem Gemälde Claude Monets in der ersten Ausstellung der „Société anonyme" 1874 in Paris her. Es zeigt eine Hafenansicht von Le Havre im morgendlichen Dunst, den die rot aufgehende Sonne durchbricht, und trägt den Titel *Impression, Sonnenaufgang* (Paris, Musée Marmottan). Ein Journalist des Satiremagazins *Le Charivari* machte sich daraufhin über den Impressionismus lustig: Tapeten seien besser ausgearbeitet als so eine verschwommene Ansicht. Doch mit wachsendem Publikumserfolg und Marktwert impressionistischer Bilder, verwandelte sich die Bezeichnung vom Schimpfwort zum Gütezeichen eines weltweit bekannten Stils.

Auguste Renoir

Auguste Renoir, Sohn eines Schneiders, gehörte zu den erfolgreichsten Impressionisten. Bereits sein Beitrag zur ersten Gruppenausstellung 1874, das Bildnis einer jungen Dame und ihrem Begleiter in der Oper mit dem Titel *Die Loge* (1874; London, Courtauld Institute Galleries), blieb von den Schmähungen des Publikums und der Kunstkritiker ausgenommen. Ab 1876 wurde Renoir vom einflussreichen Pariser Verleger und Kunstsammler **Gustave Charpentier** gefördert. Sein Gesamtwerk aus fünf Jahrzehnten umfasst Landschaften, et-

Lebensdaten

1841 Geburt in Limoges
1845 Übersiedlung der Familie nach Paris
1854–58 Lehre als Porzellanmaler
1862–64 In Paris mit Monet im Atelier von Charles Gleyre (1806–1874); beginn der Freilichtmalerei
1870/71 Militärdienst im Krieg
1874 Erste Gruppenausstellung in Paris
1879 Beziehung zu Aline Charigot
1881/82 Studienreisen nach Algerien, Italien und in die Provence
1890 Heirat mit Aline Charigot, Mutter des gemeinsamen Sohnes Pierre (geb. 1885)
1894 Geburt des Sohnes Jean; das Kindermädchen Gabrielle Renard wird Renoirs Lieblingsmodell
1900 Teilnahme an der Pariser Weltausstellung; Mitglied der Ehrenlegion
1901 Geburt des Sohnes Claude
1905 Niederlassung in Cagnes-sur-Mer, Landgut Les Colletes
1910 Reise nach Oberbayern und München
1911 Gicht fesselt Renoir an den Rollstuhl
1915 Renoir wird Witwer
1917 Tod in Cagnes-sur-Mer

wa die Umgebung des Ausflugslokals *Der Froschteich* (1869; New York, Metropolitan Museum of Art), farbenprächtige Blumensträuße und Porträts, wie z. B. *Das Ehepaar Sisley* (1868; Köln, Wallraf-Richartz-Museum); mit

Tanz im Moulin de la Galette

1876 entstand in Paris in einem Gartenlokal auf der Höhe des Hügels von Montmartre zu Füßen der gleichnamigen Mühle eine Ölskizze, nach der Renoir sein großformatiges Atelierbild schuf (Paris, Musée d'Orsay). Das Thema ist eine Menschenmenge im Freien. Eine von links nach rechts ansteigende Diagonale teilt die Bildfläche in zwei Bereiche: Eine großformatige Gruppe bei lebhafter Unterhaltung im Vordergrund und die tanzenden Paare unter Bäumen im Hintergrund. Gemeinsam ist beiden Bereichen der Eindruck von flimmerndem Tageslicht, das durch das Blätterdach fällt und ein Muster aus hellen Tupfen ergibt. Am oberen Rand sind Kugellampen verteilt. Sie erinnern daran, dass solch ein sonntägliches Tanzvergnügen bis spät in die Nacht reicht, doch das künstlerische Thema des Malers ist das Zusammenspiel von Farben und Sonnenlicht.

dem impressionistischen Landschaftsmaler **Alfred Sisley** (1839–1899) war Renoir seit 1862 befreundet. In gewisser Weise führte Renoirs Sohn **Jean** (1894–1979) das Werk des Vaters im Medium Film fort.

Aktmalerei

Renoirs zentrales Thema ist jedoch der weibliche Akt. Hier fand er die meisten Bewunderer, aber auch scharfe Kritiker. Bei *Halbakt in der Sonne* (1878; Paris, Musée d'Orsay) wurde Renoir im Hinblick auf die blauen und grünen Schatten vorgeworfen, er habe „verwesendes Fleisch" gemalt. In der Aktkunst unternahm Renoir auch die meisten Versuche, der Auflösung von Form und Komposition durch die impressionistische Wiedergabe von Lichtreflexen und farbigen Schattenzonen entgegenzuwirken. Das Hauptwerk dieser Schaffensphase, in der vorübergehend klare Konturen eine neue Bedeutung gewinnen, sind die *Großen Badenden* (1884–87; Philadelphia, Museum of Art).

Paul Cézanne

Paul Cézanne, einer der „Väter der Moderne", hatte in den ersten Jahrzehnten seines Schaffens Ablehnung und Spott zu ertragen. Er war 1874 der am meisten geschmähte Teilnehmer der ersten Gruppenausstellung der Impressionisten. 1886 erschien **Emile Zolas** Roman *Das Werk* mit der Hauptfigur eines scheiternden Künstlers, womit Zola offenkundig seinen Jugendfreund Cézanne meinte. Eine Wende leitete der

! Lebensdaten

1839 Geburt in Aix-en-Provence
1844 Heirat der Eltern, der Vater gründet 1848 in Aix eine Bank
1852 Freundschaft mit dem Mitschüler Emile Zola
1861 Eintritt in ein Pariser Atelier, dann in die Bank des Vaters
1862 Ablehnung durch die Pariser Ecole des Beaux-Arts
1869 Beziehung zur Putzmacherin Hortense Fiquet
1872 Geburt des gemeinsamen Sohnes Paul
1874 Nach Zusammenarbeit mit Camille Pissarro in Auvers-sur-Oise, Teilnahme an der ersten Gruppenausstellung der Impressionisten
1886 Der Vater willigt in die Ehe mit Hortense ein
1895 Erste Ausstellung beim Pariser Kunsthändler Ambroise Vollard
1899 Teilnahme am Pariser Salon der Unabhängigen
1904 Cézanne-Saal im Pariser Herbstsalon
1906 Tod in Aix-en-Provence

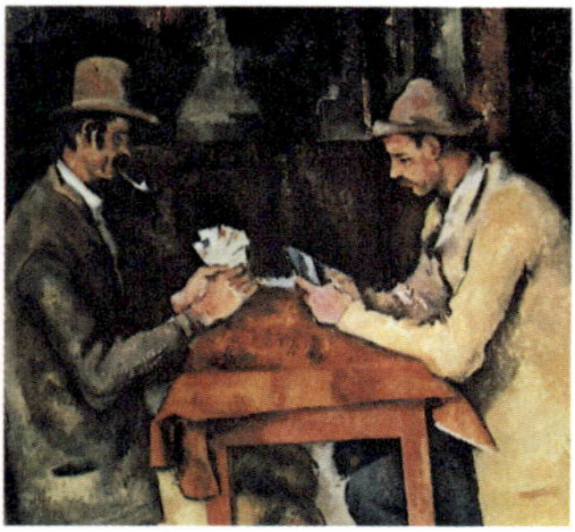

Kartenspieler

Kunsthändler **Ambroise Vollard** (1867–1939) ein. Seine Galerie ist Schauplatz eines Treffens junger Künstler, die sich um ein Stillleben von Cézanne versammeln. Diese *Hommage à Cézanne* von **Maurice Denis** (1900; Paris, Musée d'Art Moderne im Centre Pompidou) entstand im Jahr der Pariser Weltausstellung, im Rahmen einer Ausstellung französischer Malerei seit **Jacques-Louis David**. Cézanne war dabei mit drei Werken vertreten. Maurice Denis (1870–1943) gehörte zur Gruppe „Nabis" (Die Propheten), die mit dem Meister aus Aix-en-Provence die Nachahmung von Wirklichkeit ablehnten, und sich dessen Überzeugung zu Eigen machten, Kunst entstehe parallel zur Natur.

Tradition der Themen

Cézanne war in der Wahl seiner Themen Traditionalist: Porträts und Selbstporträts, Einzelfiguren und Gruppen (*Frau mit Kaffeekanne* und *Die Kartenspieler*, beide 1890–95; Paris, Musée d'Orsay), Landschaften (z. B. die zahlreichen Ansichten des *Montagne Sainte-Victoire*, u. a. 1904–06; Basel, Kunstmuseum), Blumen und Stillleben aus Obst und Gefäßen (z. B. München, Neue Pinakothek). Als eines der letzten Werke und Abschluss einer Werkreihe entstand, nun in monumentalem Format, die *Großen Badenden* (1900–05; London, National Gallery). An diesem Gemälde werden die Unterschiede zum Impressionismus besonders deutlich: Es fehlt jeder Hinweis auf eine bestimmte Jahres- oder Tageszeit, auf die Verhältnisse der Witterung und sonstige Bedingungen der Wahrnehmung einer Szene in freier Natur. Stattdessen sind alle Bildelemente Teile einer Struktur, die sich auf der Bildfläche ausbreitet.

Innovation der Gestaltung

Noch richtet sich der Blick des Malers auf die Wirklichkeit, doch diese „Natur-Wirklichkeit" dient nicht als Vorbild, sondern als unerschöpfliche Herausforderung, eine „Kunst-Wirklichkeit" aus Linien, Farben und Formen zu schaffen. Dazu gehört beim Figurenbild die Verselbstständigung der Proportionen, was Cézanne den Vorwurf eintrug, die Aktfigu-

? Schon gewusst?

Der Begriff Postimpressionismus (Nachimpressionismus) betrifft die französischen Maler, die impressionistisch begonnen und um 1880/90 eine eigene Stilformen entwickelt haben. Dies gilt v. a. für die drei „Väter der Moderne" **Paul Cézanne, Paul Gauguin** und **Vincent van Gogh**. Dagegen bezieht sich der Begriff Neoimpressionismus auf eine Systematisierung der impressionistischen Malweise, durch den Farbauftrag in Form von Punkten, aus denen sich vibrierende Farbwirkungen ergeben. Begründer dieses Divisionismus und Pointillismus sind Georges Seurat (1859– 1891) und Paul Signac (1863–1935).

ren seiner Badenden seien „falsch" dargestellt. Von der Aquarellmalerei, die Cézanne unermüdlich pflegte, übertrug er die Technik, den Untergrund des Bildträgers stellenweise unbedeckt zu lassen, auf die Ölmalerei. Dadurch brach er mit dem selbst im Impressionismus noch enthaltenen Illusionismus. Der kühnste Schritt jedoch war die Aufhebung der perspektivischen Einheit, die seit der Renaissance Gültigkeit besaß. Statt dessen zeigte Cézanne, sofern die kompositorische Bedeutung es erforderte, die Bildgegenstände aus verschiedenen Blickwinkeln. Von dieser „Vielansichtigkeit" führt ein direkter Weg zum Kubismus.

Paul Gauguin

Paul Gauguins Lebensweg gleicht dem eines mehrfachen Aussteigers: aus dem bürgerlichen Beruf, aus der Familie, aus dem Pariser Kunstbetrieb, aus der europäischen Zivilisation und zuletzt aus dem kolonial verwalteten Traumparadies Tahiti. Denn selbst in der Südsee war Gauguin mit den europäischen Auffassungen über das Leben konfrontiert, denen er sich entziehen wollte und musste, um seinen künstlerischen Weg zu beschreiten. Tatsächlich konnte nur die Kunst seine Sehnsucht nach naturhafter Ursprünglichkeit erfüllen. Diese Kunst enthält das tief empfundene Ideal des Lebens in der Südsee, in der schon längst die europäische „Kultur" ihr Zer-

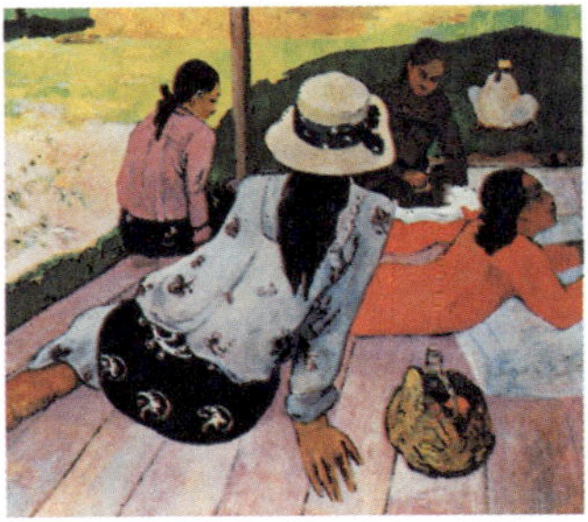

Siesta auf Tahiti

Lebensdaten

1848 Geburt in Paris
1849 Emigration der Familie nach Peru (Heimat der Mutter)
ab **1862** Nach der Rückkehr (1856) auf der Pariser Marineschule
1867 Matrose der Handelsmarine
1871 Nach dem Kriegsdienst Tätigkeit als Börsenmakler
1873 Heirat mit der Dänin Mette Sophie Gad; sie bringt fünf Kinder zur Welt
1874 Kunststudium an einer privaten Pariser Akademie
1876 Debüt im „Salon" als Landschaftsmaler
1879 Teilnahme an der 4. Impressionisten-Ausstellung
1882 Nach dem Börsenkrach Entscheidung für ein Leben als freier Künstler
1885 In Kopenhagen Trennung von der Familie
1887 Reise nach Martinique
1888 In Arles Zusammenarbeit mit Vincent van Gogh
1889 In Pont-Aven (Bretagne) Mittelpunkt einer Künstlergruppe
ab **1891** Erster Aufenthalt auf Tahiti
1893 Rückkehr nach Paris
ab **1895** Zweiter Aufenthalt auf Tahiti
1901 Rückzug auf die Marquesas-Insel Hiva Oa
1903 Tod in Atuana auf Hiva Oa

störungswerk begonnen hatte. Doch auch Gauguin hatte sein neues künstlerisches Konzept in Europa entwickelt. Dazu gehörte die Zusammenfassung von Einzelteilen einer Landschaft oder einer Figur zu klar konturierten Formen und Flächen, die im tropischen Licht ihre leuchtenden Farben erhielten.

Exotismus und Mythos

Gauguins Flucht aus der europäischen Zivilisation war eine Steigerung des Orientalismus der französischen Romantik, dessen Repräsentant **Eugène Delacroix** von Gauguin sehr geschätzt wurde. Hatte Delacroix in der orientalischen Welt eine in die Gegenwart gerettete naturhaft-elementare Kraft erlebt oder erahnt, so suchte Gauguin in der Südsee eine Welt, in der die mythischen Wurzeln der menschlichen Existenz noch die Lebenswirklichkeit bestimmen. Gegenstand dieser Sehnsucht nach Ursprünglichkeit auch und gerade in der Kunst war für den Maler Gauguin das Bild der Frau. Es ist Ausdruck einer Faszination, die sich auf das Pariser Kunstpublikum übertrug. Oft sind es zwei Frauen in stiller Zwiesprache: *Am Strand* (1891; Paris, Musée d'Orsay), *Wann willst du heiraten* (1892; Basel, Kunstmuseum) und die beiden Halbakte *Tahitische Frauen* (1899; New York, Metropolitan Museum).

Christliche Themen in neuer Sicht

Es mag überraschen, dass Gauguin sich christlichen Themen gewidmet hat. Doch diese Werke stehen im Zusammenhang mit der Frage nach den Ursprüngen der Religion. Sie beginnen in Gauguins Zeit in der Bretagne mit den Gemälden *Die Vision nach der Predigt – Jakobs Kampf mit dem Engel* (1877; Edinburgh, National Gallery of Scotland) und *Der gelbe Christus* (1889, nach einem Kruzifix in einer Dorfkirche bei Pont-Aven; Buffalo). Auf Tahiti entstand 1891 eine ins Polynesische übertragene Verkündigungsszene *La orana Maria* (*Gegrüßt seist du, Maria,* New York, Metropolitan Museum), und das unter dem Titel *Die Geburt Christi* (1896; München, Neue Pinakothek) bekannte Bild, trägt den polynesischen Titel *Te tamari bi atua*, der *Die Geburt Gottes* bedeutet.

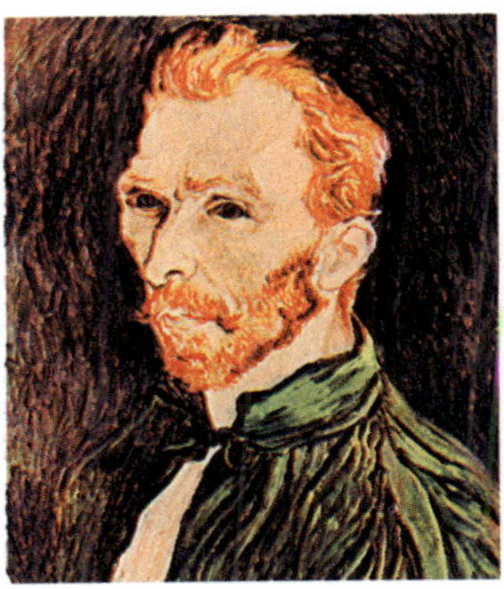

Vincent van Gogh

Vincent van Gogh

Vincent van Goghs Leben, Werk und Wirkungsgeschichte bieten Stoff für Sensationen. Der Sohn eines niederländischen Gemeindepfarrers schuf in einem einzigen Jahrzehnt fast 800 Gemälde, von

! Lebensdaten

1853 Geburt in Groot-Zundert (Nordbrabant)
1868–75 Lehrling, dann Angestellter einer Kunsthandlung in Den Haag, London und Paris
1877 In Brüssel Vorbereitung auf ein Theologiestudium
1879 Im Kohlrevier Hennegau Probezeit als Evangelist, Entlassung wegen „übertriebener Selbstaufopferung"
1882 In Den Haag Kunstunterricht beim Onkel Anton Mauve (1838–1888)
1883 Rückkehr ins Elternhaus, Atelier im Waschhaus
1885 Aufenthalt in Antwerpen
1886/87 In Paris Wohngemeinschaft mit dem Bruder Theo
1888 Niederlassung in Arles, im Herbst Zusammenarbeit mit Paul Gauguin
1889 Auf eigenen Wunsch in der Nervenheilanstalt in Saint-Rémy bei Arles
1890 Aufenthalt in Auvers-sur-Oise, Tod nach einer Schussverletzung

Woher kommen wir? Wer sind wir? Wohin gehen wir?

Unter diesem Titel schuf Gauguin 1897 ein monumentales Werk, das sich heute in Boston im Museum of Fine Arts befindet. Es widmet sich der menschlichen Existenz in einer Art polynesischem Lebensfries. Es bildet ein Hauptwerk des Symbolismus. Diese Gegenbewegung zum Impressionismus gehört zu den Stilrichtungen der Jahrhundertwende.

denen er angeblich nur ein einziges verkaufen konnte – heute gehören sie zu den teuersten Objekten des internationalen Kunsthandels. Das Gesamtwerk, dessen Entstehung eine noch größere Anzahl von Zeichnungen begleitet, gliedert sich in mehrere Phasen. Sie beginnen mit einer Erneuerung der zeitgenössischen niederländischen „Bauernmalerei" (*Die Kartoffelesser*, 1885 Amsterdam, Van-Gogh-Museum), gefolgt von der Auseinandersetzung mit dem Impressionismus während der beiden Jahre in Paris. Zwei Jahre in Südfrankreich – eines in Arles, das andere in einer geschlossenen Anstalt, in der er die Erlaubnis hatte zu malen – führten dem Anschein nach zu einer explosiven, in körperliche und seelische Selbstzerstörung mündende Aufhebung aller Traditionen. Doch auch diese Phase enthält eine konsequente Weiterentwicklung der Malerei als Auseinandersetzung mit der physischen wie psychischen Wahrnehmung von Wirklichkeit. Damit ist Van Gogh der Wegbereiter des Expressionismus.

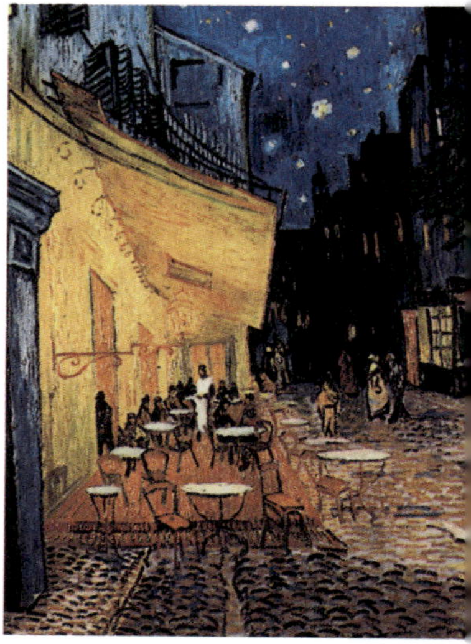

Nachtcafé

Themen in expressiver Gestaltung

Van Gogh setzte sich mit einem breiten Spektrum von Themen auseinander: Landschaften bei strahlendem Sonnenschein, unter dunklen Wolken und in so genannten Nachtstücken sowie Blumen, Stillleben, Interieurs und

Vase mit Sonnenblumen

Die Neue Pinakothek in München besitzt eine der sechs Versionen einer Vase mit Sonnenblumen. Sie entstanden als leuchtender Wandschmuck in Van Goghs Haus in Arles. Hier sollte sich ein „Atelier des Südens" entwickeln, ausgehend von der Zusammenarbeit mit **Gauguin**. Von ihm stammt das Gemälde *Van Gogh, Sonnenblumen malend* (1888; Amsterdam, Van-Gogh-Museum). Kompositorisch lässt Van Goghs Werk durch seine Verbindung von Plastizität und Flächenwirkung mit starker Konturierung das Studium japanischer Farbholzschnitte erkennen. Dem Freund **Emile Bernard** (1868–1914) berichtete Van Gogh von seiner Absicht, im Blumenbild die leuchtende Wirkung gotischer Glasmalerei zu erzielen.

Porträts. Dabei gewann die vom Naturvorbild ausgehende Farbgebung durch Vereinfachung und Steigerung ihre expressive Wirkung. Gleiches gilt für die Pinselführung, die sichtbar bleibt und ein „gestisches" Ausdrucksmittel wird. Ein Beispiel ist eines der rund 20 Selbstporträts aus dem Jahr 1889 (Paris, Musée d'Orsay): Der hellblaue Hintergrund lässt eine kreisende Pinselführung erkennen und weckt die Assoziation kalter Flammen. Inmitten dieser Flammen erscheint sein Gesicht, dessen in Rottönen „brennendes" Haupt- und Barthaar die Blässe der Haut gespenstisch wirken lässt.

Zwei Brüder

Van Gogh war nicht nur als Maler und Grafiker, sondern auch als Kunsttheoretiker einer der „Väter der Moderne". Dies bezeugt seine umfangreiche Korrespondenz mit Künstlerkollegen, v. a. aber mit seinem jüngeren und als Pariser Kunsthändler zeitweise erfolgreichen Bruder **Theo** (1857–1891). Dieser unterstützte zwar seinen Bruder finanziell, konnte aber keine Geschäfte mit dessen Bildern machen. Theos Stellung als Kunsthändler war einer der Gründe, weshalb sich **Paul Gauguin** dazu herabließ, Van Goghs Einladung nach Arles anzunehmen.

Henri de Toulouse-Lautrec

(eigentlich Henri Raymond de Toulouse Lautrec-Monfa)

Der Sohn eines altehrwürdigen Grafengeschlechts, das auf **Karl den Großen** zurückgeführt wurde, inzwischen aber politisch bedeutungslos war, fand seinen Lebensinhalt in der Kunst. Seine stark verkürzten Beine schlossen

Lebensdaten

1864 Geburt in Albi
1872 Übersiedlung der Familie nach Paris, standesgemäße Schulbildung
1874 Rückkehr in die Provinz
1878/79 Bruch beider Beine, die fortan nicht mehr wachsen
um **1880** Beginn der Tätigkeit als Maler
1883 Eintritt in ein Pariser Atelier
ab **1885** Verhältnis mit Suzanne Valadon
1887 Bekanntschaft mit Vincent van Gogh
1895 In London Bekanntschaft mit dem Grafiker Aubrey Beardsley (1872–1898)
1899 Alkoholvergiftung und Entziehungskur
1900 Schlaganfall und Lähmung der Beine
1900/01 Letzte Reise (Bordeaux)
1901 Tod im Schloss Malromé

ihn als „Krüppel" aus dem konventionellen Gesellschaftsleben des Landadels aus, und der Künstler notierte gegen Ende seines kurzen Lebens: „Zu denken, dass ich nie gemalt hätte, wenn meine Beine nur etwas länger wären!". In den zwei Jahrzehnten rastloser Tätigkeit als Maler und Grafiker entstanden mehr als 500 Gemälde und mehr als 3000 Zeichnungen, einschließlich Karikaturen sowie annähernd 400 Lithografien. Thematisch reicht das Werk von Szenen aus dem familiären Milieu, wie einer Darstellung des Vaters (*Graf Alfonse lenkt einen Vierspänner*, 1881; Paris, Musée du Petit Palais) und der Mutter (*Gräfin Adèle beim Frühstück im Schloss Malromé*, 1881/83; Albi, Musée Toulouse-Lautrec) bis zu sechs Gemälden unter dem Eindruck einer Theateraufführung während des letzten Aufenthalts in Bordeaux (*Messalina,* 1901: u. a. Zürich, Sammlung Bührle). Stilistisch spannt sich dieser Bogen von der impressionistisch-skizzenhaften Wiedergabe rascher Bewegung bis zu äußerster Verknappung von Form und Farbe.

Paris zur Zeit des Fin de Siècle

Toulouse-Lautrec entwickelte sich in kurzer Zeit zum genauen, vielfach satirischen Beobachter jenes Teils der Pariser Gesellschaft, der am Ende des Jahrhunderts die eigene Dekadenz pflegte. Dazu gehörte die Teilnahme an Volksbelustigungen wie dem Zirkus. Ein hervorragendes Beispiel für Toulouse-Lautrecs Beobachtungsschärfe, verbunden mit der Konzentration auf prägnante Bildelemente, ist das Gemälde *Die Kunstreiterin im Zirkus Fernando* (1888; Chicago, The Art Institute). Bevorzugte Schauplätze der Vermischung von oberer und unterer Schicht bot das Künstler-

und Vergnügungsviertel Montmartre, dessen Tanzlokale und Konzertcafés bereits Impressionisten wie **Edgar Degas** und **Auguste Renoir** als künstlerische Themen entdeckt hatten. Toulouse-Lautrec begnügte sich jedoch nicht der jeweiligen Atmosphäre, sondern setzte sich mit den Akteuren auseinander: Inwiefern „prostituierten" sich die Sängerinnen und Tänzerinnen um ihres Erfolgs willen vor einem Publikum, das sich am Anschein des Lasterhaften ergötzte? Er ging zum Entsetzen seiner Familie noch einen Schritt weiter und wurde in den Bordellen heimisch, um mit Zeichenstift und Pinsel das alltägliche Leben der berufsmäßigen Prostituierten zu studieren (*Der Salon in der Rue des Moulins* und *Frau beim Anziehen der Strümpfe*, beide 1894; Albi, Musée Toulouse-Lautrec).

Plakatkunst

Die damalige wie heutige Popularität beruht auf der Leistung von Toulouse-Lautrec als Begründer der Plakatkunst. Sein umfangreicher Beitrag zu diesem Bereich der „Gebrauchskunst" lässt sich im weitesten Sinne zum Jugendstil rechnen. Dies gilt allerdings nur für das Gestaltungsmittel ausdrucksvoller und klarer Konturen. Inhaltlich sind seine Plakate, mit denen für Auftritte von **Jane Avril** oder des Chansonsängers **Aristide Bruant** geworben wurde, Meisterwerke einer Konzentration psychologischer Einsichten auf zugleich werbewirksame optische Appelle. So beschränkt sich das Plakat mit dem Text *Aristide Bruant dans son cabaret*, eine Farblithografie von 1893, aus der Ferne auf das schwarze Paletot, über den ein roter Schal hängt sowie den breitkrempigen schwarzen

! Moulin Rouge/ La Goulue

Mit diesen beiden Namen lockte 1891 ein Plakat, das Toulouse-Lautrec über Nacht in Paris berühmt machte. Es wirbt für das 1889, im Jahr der Pariser Weltausstellung mit dem Eiffelturm, eröffnete Tanzlokal zur „Roten Mühle" und zeigt zwei seiner Attraktionen: Vor den schwarzen Silhouetten der Zuschauer schwingt eine Tänzerin das rechte Bein, dass die Röcke fliegen. Im Vordergrund scheint die Geste eines hageren Mannes mit Zylinder in diese Bewegung einzustimmen. Es ist Valentin-le-Désossé (der Schlangenmensch), die Tänzerin ist La Goulue (die Gefräßige, eigentlich Louise Werner). Beide bilden den Mittelpunkt des Gemäldes *Der Ball im „Moulin Rouge"* (1890; Philadelphia, Museum of Art).

Hut, einem weiteren Markenzeichen des Sängers. Bei näherer Betrachtung zeigt sich das Profil mit einem stolzen Blick.

Henri Rousseau

Henri Rousseau, mit dem ursprünglich abwertenden, auf seinen Beruf bezogenen Beinamen „der Zöllner", repräsentiert auf herausragende Weise die Poesie der Naiven Malerei. Er trat ab 1885 an die Öffentlichkeit und wurde vom Pariser Kunstpublikum zunächst als Sonntagsmaler belächelt. Doch schon zu Lebzeiten fand er Anerkennung, z. B. durch den Schriftsteller und Kunsttheoretiker **Guillaume Apollinaire** (1880–1918). Rousseau porträtierte 1909 ihn und die Malerin **Marie Laurencin** (1885–1956): *Die Muse inspiriert den Dichter* (Basel, Kunstmuseum). Im Jahr zuvor hatten Apollinaire und seine Lebensgefährtin Laurencin an dem Festbankett teilgenommen, das **Pablo Picasso** zu Ehren Rousseaus veranstaltete. Auch der Kunsthändler **Wilhelm Uhde** (1874–1947) schätzte Rousseau, und unmittelbar nach seinem Tod war er in der Münchener Ausstellung des „Blauen Reiter" (1917) und im gleichnamigen Almanach (1912) vertreten, den **Franz Marc** und **Wassily Kandinsky** herausgaben.

! Lebensdaten

1844 Geburt in Laval
1861 Übersiedlung der Familie nach Angers, hier Tätigkeit für einen Anwalt
1863–68 Militärdienst als Strafmilderung nach einem Diebstahl
1869 Heirat mit Clémence Boitard
ab **1871** Arbeit in Paris als Angestellter beim Zollamt der Stadt
ab **1884** Mit Genehmigung als Kopist im Louvre
1886 Teilnahme am „Salon der Unabhängigen"
1888 Rousseau wird Witwer
1893 Vorzeitiger Ruhestand
1899 Heirat mit Joséphine-Rosalie Noury
1903 Rousseau wird erneut Wittwer
1905 Teilname am dritten „Herbstsalon"
1908 Festbankett bei Picasso
1910 Tod in Paris

Reisen in den Dschungel der Fantasie

Rousseaus umfangreiches Gesamtwerk umfasst eine Vielzahl von Schauplätzen. Im Mittelpunkt steht der Künstler, wie ihn das Gemälde *Ich selbst, Porträt-Landschaft* (1890; Prag, Narodni Galerie) präsentiert: mit beiden Beinen auf der Erde, mit Pinsel und Palette und dem traditionellen Barett der Künstler auf dem Kopf. Doch

? Schon gewusst?

Der Begriff Naive Malerei dient als wertneutraler Oberbegriff. Darunter fallen abwertende Bezeichnungen wie Hobbykunst, Laienkunst und Sonntagsmalerei. Um 1900 entwickelte sich die künstlerische Tätigkeit von Menschen ohne spezielle Ausbildung zu einem Bestandteil neuer Ausdrucksformen, parallel zur Entdeckung der außereuropäischen „primitiven Kunst" (Afrika, Ozeanien) und der überwiegend autodidaktischen Volkskunst. Eine berühmte Vertreterin des 20. Jh. ist die Farmerin **Anna Mary Moses** (1860–1961), genannt „Grandma Moses", die mit 70 Jahren zum Pinsel griff.

links lockt ein Segelschiff mit den Flaggen zahlreicher Länder zur Fahrt übers Meer und rechts oben schwebt ein Ballon inmitten der Wolken. Ein Weggefährte in die fantasierte exotische Ferne war der Romancier **Pierre Loti** (1850–1923), den Rousseau 1891 porträtierte (Zürich, Kunsthaus). Der Ausgangspunkt seiner Kunst blieb zwar das kleinbürgerliche Milieu, dem Rousseau seine Ehre erwies (*Die Hochzeit auf dem Lande*, 1905; Paris, Musée d'Orsay), doch diese mit penibler Detailgenauigkeit geschilderte Lebenswirklichkeit ließ Raum für eine Traumwelt, in der Pflanzen, Tiere, Menschen und Gestirne noch klarer und farbintensiver in Erscheinung treten: In seinem Dschungel erlebte Rousseau den *Traum der Yadwigha* (1910; New York, Museum of Modern Art) und begegnete im Mondlicht der braunen Eva als *Schlangenbeschwörerin* (1907; Paris, Musée d'Orsay).

Gustav Klimt

Gustav Klimt ist der bedeutendste Vertreter der Malerei des Jugendstils, für dessen Ausprägung in Österreich bzw. in der Metropole Wien die Bezeichnung Sezessionsstil verwendet wird. Klimt kam mit der radikalen Abkehr vom Re-

! Lebensdaten

1862 Geburt in Baumgarten bei Wien
ab **1876** Ausbildung an der Kunstgewerbeschule des Österreichischen Museums für Kunst und Industrie in Wien
1883–92 Ateliergemeinschaft mit dem älteren Bruder Ernst
1897 Gründungsmitglied und erster Präsident der „Wiener Sezession"
1903 Bruch mit den Sezessionisten, Verbindung zu den „Wiener Werkstätten"
1918 Tod in Wien

alismus sowie den neobarocken Tendenzen der Jahrhundertwende zugunsten einer geistreichen, noblen Verfeinerung der künstlerischen Gestaltungsmittel dem Selbstverständnis von Teilen der besseren Gesellschaft entgegen. Er stand im Mittelpunkt der Wiener Kunstszene. Mit seinem Spätwerk, das von ausdrucksvoller Linienführung bei oft erotischen figürlichen Darstellungen gekennzeichnet ist, beeinflusste Klimt die Anfänge der österreichischen Expressionisten und **Egon Schiele** (1890–1918). Ein Beispiel ist Klimts Gemälde *Judith* (auch als *Salome* betitelt) von 1905 (Venedig, Galleria d'Arte Moderna).

Raumgestaltung

Ihren ersten großen Erfolg errangen die Brüder Ernst und Gustav Klimt sowie ihr Kollege **Franz Matsch** (1861–1942) ab 1886 durch Deckengemälde in den Treppenhäusern des Wiener Burgtheaters mit Themen aus der Geschichte des Theaters; sie wurden 1888 mit dem österreichischen Goldenen Verdienstkreuz ausgezeichnet. 1890 beteiligte sich „die Compagnie", wie sich die drei Maler nannten, an der Ausgestaltung des Treppenhauses des Kunsthistorischen Museums. Zu seinem unverwechselbaren Stil gelangte Klimt allerdings erst mit dem *Beethovenfries* (1901/02) für das Wiener *Sezessionsgebäude* von **Josef Maria Olbrich** (1867–1908). Der über 34 Meter lange Fries mit allegorischen Figuren wie *Sehnsucht nach Glück* und der Gruppe *Chor der Paradiesengel* verwendet auf Mörtel Materialien wie Glas, Perlmutter und Gold.

Ein Hauptwerk von Klimts Wandgestaltung, das stilistisch zum Jugendstil, inhaltlich zum Symbolismus gehört, ist ein Mosaik im Speisesaal des Palais Stoclet in Brüssel, das der Wiener Architekt **Josef Hoffmann** (1870–1956) ab 1905 erbaut hat (Vollendung 1911). Klimts Mosaik an den beiden Längswänden (jeweils sieben Meter) zeigt einen stilisierten Lebensbaum, in den eine Frau (*Erwartung*) und ein Liebespaar (*Erfüllung/Der Kuss*) eingefügt sind.

Fläche und Ornamente

Im Zusammenhang mit den Brüsseler Mosaiken entstanden mehrere Versionen von *Der Kuss*, u. a. als Ölgemälde mit Gold- und Silberauflagen (1907/08; Wien, Österreichische Galerie Belvedere). Hier kommen die Ornamente der Gewänder in besonderer Weise zur Geltung; ihr Vorbild sind japanische Kimonos, die Klimt gesammelt hat. Ornamente und deren Flächenwirkung kennzeichnen auch Klimts Porträtkunst.

Klassische Moderne bis zur Gegenwart

Die Malerei im 20. Jh. erlebte im Jahrzehnt vor und im Jahrzehnt nach dem Ersten Weltkrieg eine dichte Folge von Erneuerungen. Diese bilden insgesamt die Klassische Moderne, wobei mit „klassisch" gemeint ist, dass hier Grundlagen und Maßstäbe für die weitere Entwicklung entstanden. Dies bedeutet, dass nach dem Zweiten Weltkrieg die avantgardistischen Bewegungen aus der ersten Hälfte des Jahrhunderts eine Wiederbelebung erfuhren.

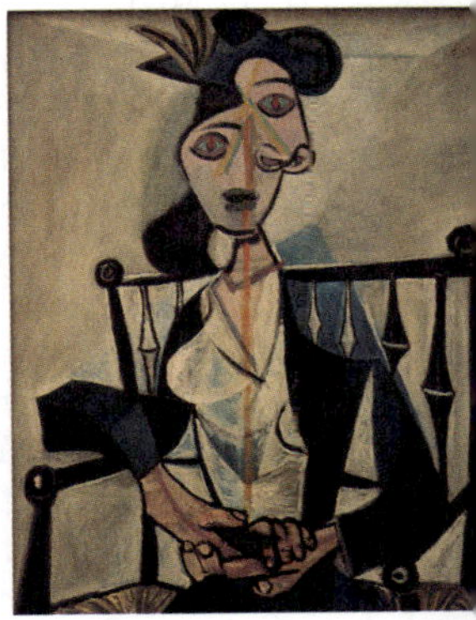

Picasso: Sitzende Frau

! Stilrichtungen

Symbolismus
Edvard Munch (1863–1944)
Fauvismus
Henri Matisse (1869–1954)
Expressionismus
Ernst Ludwig Kirchner (1880–1938)
Max Beckmann (1884–1950)
Marc Chagall (1887–1985)
Kubismus
Pablo Picasso (1881–1973)
Abstrakte Malerei
Wassily Kandinsky (1866–1944)
Paul Klee (1879–1940)
Surrealismus
Max Ernst (1891–1976)
Salvador Dalí (1904–1989)
Pop-Art
Andy Warhol (1928–1987)

Abstrakt kontra gegenständlich

Die Vielfalt der Malerei im 20. Jh. lässt sich als breites Spektrum zwischen zwei Polen betrachten. Diese beiden Pole sind das abstrakte Bild auf der einen Seite und das Bild mit der Wiedergabe identifizierbarer Gegenstände auf der anderen Seite. Dass es sich bei dieser Unterscheidung um eine zwar grundlegende, aber nur grobe Orientierungshilfe handelt, die wenig über das Wesen der abstrakten oder der gegenständlichen Malerei und ihrer Ausprägungen aussagt, ergibt sich bereits aus dem jeweiligen Bündel an Bezeichnungen: Abstrakte Malerei ist informell (im Sinne von ungegenständlich), konkret (v. a. in

Gestalt geometrischer Elementarformen) und gliedert sich in Richtungen wie den Suprematismus des Russen **Kasimir Malewitsch** (1878–1935), den Neoplastizismus des Niederländers **Piet Mondrian** (1872–1944), den Tachismus des Deutschen **Alfred Wolfgang Schulze**, gen. **Wols** (1913–1951), den Abstrakten Expressionismus des Amerikaners **Jackson Pollock** (1912– 1956) sowie die Monochrome Malerei des Franzosen **Yves Klein** (1928–1962).

Noch vielfältiger hat sich die gegenständliche bzw. figurative Malerei entwickelt. Hier reicht das Spektrum vom italienischen Futurismus ab 1909 (**Umberto Boccioni**, 1882–1916) bis zur Neuen Sachlichkeit (**Otto Dix**, 1891–1969) und dem Magischen Realismus (**Georg Schrimpf**, 1889–1938) der 1920er-Jahre.

Beispiele für den Missbrauch von Stilrichtungen im 20. Jh. sind in den 1930er-Jahren die Verfolgung von Künstlern der abstrakten und expressiven Malerei als „undeutsch" und „jüdisch-bolschewistisch" in der NS-Diktatur. Zur Zeit des Ost-West-Konflikts nach 1945 galt die abstrakte Malerei im Westen als Ausdruck von Freiheit und Individualismus, während (aus westlicher Sicht) der gegenständliche Sozialistische Realismus die Unfreiheit im kommunistischen Kollektivismus widerspiegelte.

? Schon gewusst?

Der Begriff Avantgarde bezeichnet im Französischen ursprünglich die militärische Vorhut. Die Übertragung auf bestimmte Bewegungen in der Kunst, Literatur und Musik im 20. Jh. betont, dass diese jeweils neuen Stilrichtungen neue Wege bahnten, die später von vielen Nachfolgern beschritten und zu verzweigten Wegenetzen erweitert wurden. Der Vergleich mit einem Vorauskommando bedeutet, dass es sich bei den Avantgarden in der Regel nicht um vereinzelte Personen handelt, sondern um Gruppen mit einem jeweils gemeinsamen neuen Ziel, das sie angesichts der häufigen Anfeindung und Widerstände durchaus „kämpferisch" verfolgen.

Edvard Munch

Der Norweger Edvard Munch, Sohn eines Militärarztes, ist der bedeutendste skandinavische Maler und Grafiker. Durch die Auseinandersetzung mit dem Symbolismus und als Wegbereiter des Expressionismus übte er wesentliche Einflüsse auf die gesamteuropäische Entwicklung aus. In dieser Hinsicht ist Munch mit den skandinavischen Dramatikern **Henrik Ibsen** (1828–1906) und **August Strindberg** (1848–1912)

Lebensdaten

1863 Geburt in Löten (Hedmark), Norwegen
1864 Übersiedlung nach Kristiania (ab 1925 Oslo)
1868 Tod der Mutter
1877 Tod der Schwester Sophie
1879 Ingenieurstudium
1881 Unterricht an der Staatlichen Zeichenschule
1885 Reise nach Paris
1889–91 Nach der ersten Einzelausstellung Staatsstipendium
1892 Gast beim Berliner Kunstverein; Munchs Bilder erregen einen Skandal, der zur Gründung der „Berliner Sezession" beiträgt
1896 Zweiter Aufenthalt in Paris
1900 Italienreise mit der Geliebten Mathilde Larsen
1902–07 Aufenthalt in Deutschland: Berlin, Lübeck (Gast des Augenarztes und Kunstsammlers Max Linde), Weimar (Bekanntschaft mit Henry van de Velde; 1863–1957)
1908 Zusammenbruch in Kopenhagen und Aufenthalt in einer Nervenheilanstalt
1911 Sieg beim Wettbewerb um die Ausgestaltung der Aula der Universität Oslo (bis 1916)
1916 Alterssitz Gut Ekely mit Atelier bei Oslo
1944 Tod in Ekely

vergleichbar, die er in Lithografien porträtiert hat. Ein Werk, das über Munchs eigene traumatisch belastete Jugend hinaus, eine weit verbreitete Lebensangst – im Gegensatz zum lautstark propagierten Fortschrittsoptimismus der Industrienationen – zum Ausdruck brachte, ist die Lithografie *Der Schrei* (1895; als Ölgemälde 1909; Oslo, Kommunes Kunstsamlinger, Munch-Museet).

Abkehr vom Symbolismus

Die Symbolisten, im schroffen Gegensatz zu dem als „oberflächlich" empfundenen Impressionismus, beschäftigten sich mit den (mythischen) Wurzeln und den umfassenden (kosmischen) Gesetzen der menschlichen Existenz, wie z. B. **Gustave Moreau** (1826–1898) und **Ferdinand Hodler** (1853–1918), während Munchs erste Schaffensjahrzehnte geprägt waren von den zentralen Themen der Triebkräfte, v. a. in der Beziehung zwischen den Geschlechtern, von Krankheit und Tod. Zwei charakteristische Werke mit symbolistischer Herkunft, aber bereits expressionistischem Widerspruch gegen die Überzeugung der Symbolisten, der letztlich harmonischen Übereinstimmung der Gegensätze, sind Munchs *Tanz des Lebens* (1899/1900; Oslo, Nasjonalgalleriet) und der *Reinhardt-Fries*. Die zwölf

Teile (darunter *Begierde, Paare am Strand, Sommernacht*) entstanden 1906/07 in Berlin im Auftrag von **Max Reinhardt** (1873–1943) für dessen Kammertheater (Berlin, Neue Nationalgalerie).
Munch schuf auch Szenenentwürfe für Reinhardts Berliner Inszenierung von Ibsens *Gespenster*.

Wegbereiter des Expressionismus

Munchs Abkehr vom Symbolismus war begleitet von einer neuen Verwendung von Form und Farbe in der Malerei. Die Bildgegenstände wurden vereinfacht wiedergegeben und ergaben großflächige, klar konturierte Formen in einer Farbgebung, die sich vom Naturvorbild entfernte und an Selbstständigkeit gewann. Ein Beispiel ist das Gemälde *Die Mädchen auf der Brücke* (1905; Köln, Wallraf-Richartz-Museum). Im oberen Teil rahmen die dunklen Massen einer Baumgruppe die im Sonnenlicht leuchtenden Wände einer Häusergruppe. Diese spiegelt sich mit den Bäumen in einem Fluss, über den eine mattviolette Straße verläuft, die ohne erkennbares Ziel aus dem Bild heraus führt. Am Brückengeländer lehnen vier Mädchen, von denen drei dem Fluss zugewandt sind, während das vierte den Betrachter anblickt, wobei das Gesicht keine Details aufweist. Die Kleider in Weiß, Blau und Rot ergeben zwar lebhafte farbige Akzente, Form und Farbe bringen insgesamt jedoch Melancholie zum Ausdruck.

? Schon gewusst?

Der Begriff Symbolismus bezog sich um 1880 auf eine Form der Literatur, wie die des Dichters **Stéphane Mallarmé** (1852–1898; Munch porträtierte ihn 1896 in einer Lithografie) und wurde auf die bildende Kunst übertragen. Ergänzend zur traditionellen Symbolik erhalten im Symbolismus die unterschiedlichsten Motive eine symbolische Bedeutung. Sie führen in der Kunst in eine geistige und mystische Welt, die der alltäglichen bzw. vernünftigen Wahrnehmung und Erklärung verschlossen ist. Insofern wurzelt der Symbolismus der Wende vom 19. zum 20. Jh. in der Romantik ab der Wende vom 18. zum 19. Jh. und gehört zu den Grundlagen des Surrealismus.

Henri Matisse

Henri Matisse, Sohn eines Samenhändlers, begründete nach neoimpressionistischen Anfängen den französischen Expressionismus:

Lebensdaten

1869 Geburt in Le Cateau-Cambrésis
1887 Jurastudium in Paris, dann Mitglied einer Anwaltskanzlei in St. Quentin
1890 Schwere Erkrankung, Malerei zum Zeitvertreib
1891 Ausbildung in einem Pariser Atelier
1894 Beziehung zu Amélie Parayre, Geburt der gemeinsamen Tochter Marguerite
1898 Heirat mit Amélie
1899 Geburt des Sohnes Jean
1900 Geburt des Sohnes Pierre
1901 Teilnahme am „Salon der Unabhängigen"
1905 Teilnahme am „Herbstsalon"
1906 Reise nach Algerien
1908 „Académie Matisse" mit Rudolf Levy (1875–1944) und Hans Purrmann (1880–1966)
1911 Reise nach Moskau zum Kunstsammler Sergej Schtschukin
1912 Reise nach Marokko
1914 Ausstellung in Berlin; bei Kriegsausbruch (1. Weltkrieg) werden die Bilder beschlagnahmt
1916 Erster Winteraufenthalt in Nizza
1934 Beginn der Ausstellungen in der Galerie des Sohnes Pierre (1900–1989)
1938 Niederlassung in Nizza

Lebensdaten

1941 Schwere Erkrankung, Beginn der Arbeit mit farbigen Scherenschnitten
1944 Amélie Matisse wird von den deutschen Besatzern verhaftet, die Tochter Marguerite wegen Teilnahme an der Résistance verschleppt
1951 Einweihung der von Matisse ausgestalteten Chapelle du Rosaire (Rosenkranz-Kapelle) in Vence
1952 Musée Henri Matisse in Nizza
1954 Tod in Nizza

Form und Farbe lösten sich vom Naturvorbild. Beim *Bildnis mit grünem Strich (Madame Matisse)* aus dem Jahr 1905 (Kopenhagen, Statens Museum for Kunst) trennt ein grüner Farbstreifen von der Stirn über den Nasenrücken das Gesicht in zwei Hälften; der Hintergrund teilt sich in eine grüne und eine rote Hälfte, die mit dem Rot des Kleides zu wetteifern scheint. Rote Figuren auf grünem und blauem Grund zeigen die 1910/11 für den Moskauer Kaufmann und Sammler Sergej Schtschukin entstandenen Wandgemälde auf Leinwand *Die Musik* und *Der Tanz* (St. Petersburg, Eremitage). Reproduktionen dieser beiden Werke veröffentlichte der Almanach *Der Blaue Reiter* bereits 1912. Sie bildeten den fauvistischen Ausgangspunkt für Meisterwerke der Klassischen Moderne.

Figur und Ornament

Das zentrale künstlerische Thema war die Auseinandersetzung mit dem Dekorativen, das in der französischen Kunst einen viel höheren Wert besitzt als z. B. in der deutschen. Wesentliche Anregung für die ornamentale Gestaltung verdankte Matisse der arabischen Textilkunst in Algerien und Marokko, die er auf seinen Reisen sammelte. Dem orientalischen Kulturkreis entstammte auch sein Thema der Odaliske: Interieurs mit Figuren (meist weibliche Akte) und Stillleben (Früchte und Blumen). Ein charakteristisches Werk mit diesen Motiven ist das Gemälde *Dekorative Figur vor ornamentalem Hintergrund* (1925; Paris, Musée d'Art Moderne im Centre Pompidou).

? Schon gewusst?

Dem Begriff Fauvismus liegt die französische Gruppenbezeichnung „les fauves" (die wilden Tiere) zugrunde. Ein Kritiker verwendete den Ausdruck abfällig für Matisse und seine Freunde, als diese 1905 im Pariser „Herbstsalon" in einem gemeinsamen Saal vertreten waren. Zu dieser Gruppe gehörten André Derain (1880–1954), Kees van Dongen (1877–1968), Maurice de Vlaminck (1876–1958) und Georges Rouault (1871–1958). Als Stilbezeichnung ist Fauvismus weitgehend identisch mit Expressionismus.

Linien und Konturen

Das Gesamtwerk ist thematisch eine Einheit, bei einer großen Vielfalt der Gestaltungsmittel. In den 1930er-Jahren entstanden zauberhafte Federzeichnungen, deren zarte Linien in vollendeter Weise die Vorstellung von körperlichem Volumen wecken. Dagegen leben die farbigen „Schneidebilder" (ab 1943 bzw. ab 1948 in großem Format) einerseits von der Fülle ornamentaler Motive, die an Unterwasser-Landschaften erinnern, andererseits von der Ausdruckskraft der geschnittenen Konturen (*Blauer Akt IV,* 1952; Nizza, Musée Henri Matisse).

Ernst Ludwig Kirchner

! Lebensdaten

1880 Geburt in Aschaffenburg
ab **1890** Schulbesuch in Chemnitz
1901–05 Architekturstudium in Dresden
1905 Diplom, Mitbegründer der „KG Brücke"
1911 Übersiedlung nach Berlin, Lebensgemeinschaft mit Erna Schilling

Lebensdaten

1912–24 Sommer auf der Ostseeinsel Fehmarn
1913 Auflösung der „KG Brücke"
1915 In Halle Rekrut der Feldartillerie, Aufenthalt im Sanatorium Königstein/Taunus wegen körperlichem und seelischem Zusammenbruch
1917 Erster Aufenthalt in Davos in ärztlicher Betreuung, dann in Sanatorien in Berlin und Kreuzlingen/Kanton Thurgau
1919 Endgültige Niederlassung mit Erna auf einer Alp von Davos-Frauenfeld
1923/24 Ausstellungen in Basel und Winterthur
1925/26 Deutschlandreise
1933 Große Ausstellung in der Kunsthalle Bern
1937 Erste Ausstellung in den USA (Detroit); in Deutschland werden über 600 Werke beschlagnahmt und 32 kommen in die Ausstellung „Entartete Kunst"
1938 Tod in Davos-Frauenfeld

Leben und Werk Ernst Ludwig Kirchners zeigen auf exemplarische Weise das Wagnis, das der Expressionismus als Revolte gegen ästhetische und moralische Konventionen bildete. Der Sohn einer gutbürgerlichen Familie (der Vater war Chemieingenieur in der Papierherstellung) entschied sich 1905 gegen eine Laufbahn als Architekt, um als Maler, Grafiker und Bildhauer neue Möglichkeiten des künstlerischen Ausdrucks zu erkunden. Kennzeichnend für den Zwiespalt in Kirchners Persönlichkeit ist die Betonung einerseits von Gemeinsamkeit, andererseits von gesteigertem Individualismus. Im *Brücke-Manifest* (1906) erklärte Kirchner: „Jeder gehört zu uns, der unmittelbar und unverfälscht das wiedergibt, was ihn zum Schaffen drängt." Einschneidende biografische Zäsuren waren die Übersiedlung von Dresden nach Berlin, der Zusammenbruch im Militärdienst (Selbstporträt *Der Trinker*, 1915; Nürnberg, Germanisches Nationalmuseum) mit Aufenthalten in Sanatorien, die Niederlassung in Davos, die Verfemung in Deutschland als „entartet" und zuletzt die panische Befürchtung, nach dem „Anschluss" Österreichs könnte auch die Schweiz von den Nazis okkupiert werden. Diese Horrorvision trieb Kirchner in den Selbstmord.

Unmittelbar und unverfälscht

An diesen beiden Forderungen orientierte sich Kirchner in der ersten Schaffensphase 1905–15. Zentrale Themen waren der weibliche Akt in freier Natur und im Atelier sowie Tanz, Akrobatik, Straßenszenen, Stadtansichten

? Schon gewusst?

Der Begriff Expressionismus (frz. „expression": Ausdruck) bezeichnet im 20. Jh. eine Reihe eng verwandter Stilrichtungen. Im Gegensatz zur Wiedergabe von „äußerlichen" Eindrücken in der Malerei des Impressionismus, geben sie das sinnlich Wahrgenommene so wieder, dass ein Bild gesteigerte „innere" Emotionen zum Ausdruck bringen und diese auch beim Betrachter hervorrufen soll. Im Unterschied zur rein expressiven Darstellungsweise der frühen Stilepoche, z. B. bei **Matthias Grünewald**, verstärkte der Expressionismus vehement die Tendenz jeder „Ausdruckskunst" zur Intensivierung der Farbgebung, verbunden mit einer „Deformation" des Naturvorbilds. Bereits um 1910 mündete die expressive Verselbstständigung von Form und Farbe teilweise in die Abstrakte Malerei (z. B. bei **Wassily Kandinsky**). Nach 1945 entstand in den USA aus dem surrealistischen „Automatismus" eine informelle Malerei, die als Abstrakter Expressionismus bezeichnet wird (**Jackson Pollock**, 1912–1956). An den gegenständlichen Expressionismus, z. B. bei **Ernst Ludwig Kirchner** knüpfte der Neoexpressionismus, z. B. eines **Georg Baselitz** an.

und Küstenlandschaften. Form und Farbe, Flächen- und Raumwirkung dienten der gesteigerten Wiedergabe spontaner Wahrnehmung und dabei ausgelöster Empfindungen (*Akt mit Hut*, 1911; Köln, Museum Ludwig; *Varieté/Englisches Tanzpaar*, 1912/13; Frankfurt, Städel; *Der Rote Turm in Halle*, 1915; Essen, Museum Folkwang). Die Zeichnungen gewannen den Charakter von optischen Stenogrammen. An die Stelle spontaner Unmittelbarkeit trat in den 1920er-Jahren das Ringen um die Allgemeingültigkeit der künstlerischen Gestaltung. Für seine abstrahierende Darstellung von Figuren verwendete Kirchner den Begriff der „Hieroglyphe". Als Ausgangsmaterial zu solchen Bildzeichen benutzte er Fotos (*Drei Akte im Wald*, 1934/35; Ludwigshafen, Wilhelm-Hack-Museum).

Natur und Zivilisation

Als Spannungsfeld enthält Kirchners Frühwerk den Gegensatz zwischen dem arkadischen Naturerlebnis und der Hektik des Lebens in der Großstadt. Beispiele sind zwei Werke der Berliner Neuen Nationalgalerie: *Haus unter Bäumen – Fehmarn* (1913) und *Potsdamer Platz* (1914) sowie zwei Werke der Stuttgarter Staatsgalerie: *Ins Meer Schreitende* (1912) und *Straßenszene/Berlin Friedrichstraße* (1913).

Max Beckmann

! Lebensdaten

1884 Geburt in Leipzig
ab **1894** Schulbesuch in Braunschweig
1900-03 Kunststudium in Weimar
1903 In Paris Bekanntschaft mit Edvard Munch
1906 In Berlin Heirat mit der Sängerin Minna Tube
1906/07 Stipendiat der Villa Romana in Florenz
1908 Geburt des Sohnes Peter
1914/15 Freiwilliger Militärdienst als Sanitäter (Ostfront in Flandern)
1916 Niederlassung in Frankfurt a.M.
1925 Berufung an die Städelsche Kunstschule, Scheidung von Minna, Heirat mit Wilhelmine von Kaulbach
1926 Erste Ausstellung in den USA (New York)
1933 Entlassung, Übersiedelung nach Berlin
1937 Werke in der Ausstellung "Entartete Kunst", Emigration nach Amsterdam
1947 Übersiedelung in den USA, Lehrauftrag an der Kunstschule der Universität von St. Louis
1949 Professur für Malerei am Brooklyn Museum in New York
1950 Tod in New York

Max Beckmann ist der herausragende Einzelgänger des deutschen Expressionismus mit formalen und inhaltlichen Besonderheiten. Er hatte erste Erfolge in einem Stil, der sich an der expressiven Abwandlung des Impressionismus durch **Lovis Corinth** (1858–1925) orientierte, und durch eine aktuelle Historienmalerei (zwei Gemälde einer Sammlung in St. Louis: *Das Erdbeben von Messina*, 1908, und *Der Untergang der Titanic*, 1912). Die Erschütterung durch die Kriegserfahrungen des Ersten Weltkriegs verdeutlicht der krasse Unterschied der beiden Gemälde *Auferstehung* in der Stuttgarter Staatsgalerie: 1908/09 verband Beckmann eine vornehmen Gesellschaft mit einer barocken Himmelsvision; 1916 entstand das unvollendete Monumentalgemälde einer zerbombten und verschütteten Stadt, über der sich unter einem verfinsterten Gestirn die riesenhaften Verkörperungen von Elend und Qual aufrichten. Von hier aus führen thematische Entwicklungen durch das Gesamtwerk. Nur in den späten 1920er-Jahren scheint sich Beckmanns stets gegenständliche, durch kräftige schwarze Konturen und intensive Farbgebung gekennzeichnete Malerei vom zeitkritischen und metaphysischen Leidensdruck zu befreien. Doch selbst das *Stillleben mit Saxophonen* (1926; Frankfurt, Städel) erweckt den Eindruck einer rätselhaften, bedrohlichen Beziehung zwischen den dicht gedrängten Bildgegenständen. Drangvolle Enge in einem Bildraum ohne Tiefenwirkung weckt auf fast allen Gemälden die Assoziation von Gefangenschaft.

Wirklichkeit als Fessel

Ein Beispiel für die weltanschaulichen Bedeutungsebenen von Beckmanns Bildsprache ist das Motiv der Fesselung. Es gehört bereits zu den Grausamkeiten des Gemäldes *Die Nacht* (1918/19; Düsseldorf, Kunstsammlung Nordrhein-Westfalen). Indem Mann und Frau aneinander gefesselt sind, symbolisieren die Stricke – v. a. in Verbindung mit dem phallischen Symbol Fisch oder einer Cupido-Figur – die Unfreiheit durch Sinnlichkeit (*Die Reise auf dem Fisch*, 1934; Stuttgart, Staatsgalerie). Die beiden Gemälde *Geburt* und *Tod* (1938/39; Berlin, Neue Nationalgalerie) enthalten (z. B. durch die Figur eines Inders) Hinweise auf die fernöstliche Lehre von der stufenweisen, weil durch das jeweilige Karma regulierten Befreiung aus der Fessel der Wirklichkeit. Diese wird bei aller Gewalttätigkeit, die sie ausübt, als vordergründig erlebt: Zu Beckmanns Motivbereichen gehört die Theaterbühne. Ein spätes Hauptwerk ist das *Schauspieler-Triptychon* (1941/42; Cambridge/Mass., Fogg Art Museum). Hier will die zentrale Figur, ein König, seinem Publikum weismachen, er nehme sich mit dem Dolch das Leben. Beckmanns zahlreiche Selbstporträts sind überwiegend Rollenbildnisse vom Clown bis zum maskenhaft wirkenden Herrn im Smoking.

! Die Abfahrt

Sein erstes Triptychon begann Beckmann 1936 in Frankfurt a.M. und vollendete es 1937 in Berlin; es befindet sich heute in New York im Museum of Modern Art. Zu seinen Anregungen gehört das Schauspiel *Der Sturm* von William Shakespeare (1564–1616): Die Folterszenen der beiden Seitenteile sind Teil der Untaten des Hexensohns Caliban, der Mittelteil zeigt den einst auf einem Schiff ausgesetzten Prospero (eine von Beckmanns Königsgestalten) mit seinen Gefährten.
Zu den Symbolen der Befreiung gehört auch ein Schwarm von Fischen, den Prospero aus einem Netz entlässt. Die Deutungen reichen von einer Vorahnung der Emigration als „Fahrt in die Freiheit" bis zur Fahrt über den Fluss, der die Bereiche des Lebens und des Todes voneinander trennt aber auch miteinander verbindet.

Die Triptychen

Die ursprünglich sakrale Form des dreiteiligen Gemäldes wurde bereits im 19. Jh. in profanem Zusammenhang wiederbelebt, etwa vom „Deutschrömer" **Hans von Marées** (1837–1887). 1927/28 schuf **Otto Dix** das so genannte *Großstadt-Triptychon* (Stuttgart, Galerie der Stadt), und ab den 1940er-Jahren verwendete **Francis Bacon** dreiteilige Kompositionen. In Beckmanns Gesamtwerk gewannen Triptychen eine zentrale Bedeutung. Die jeweiligen Seitenteile kontrastieren mit dem Mittelteil, und es entsteht ein komplexes Gefüge aus konfliktreichen Bildelementen (*Versuchung [Die Versuchung des hl. Antonius]*, 1936/37; München, Pinakothek der Moderne).

Marc Chagall

! Lebensdaten

1887 Geburt in Liosno bei Witebsk (Weißrussland)
1906–08 Künstlerische Ausbildung in Witebsk und St. Petersburg
ab **1910** Als Stipendiat in Paris
1914 Erste Einzelausstellung in der Berliner „Sturm"-Galerie; vor Ausbruch des Krieges Rückkehr nach Witebsk
1915 Heirat mit Bella Rosenfeld
1916 Geburt der Tochter Ida
1917 Kommissar für die Schönen Künste im Gouvernement Witebsk, Gründung einer Akademie
1922 Rückkehr nach Paris
1932 Reise nach Palästina
1937 Werke in der Ausstellung „Entartete Kunst"; frz. Staatsbürgerschaft
1941 Emigration in die USA (New York)
1944 Chagall wird Witwer
1948 Rückkehr nach Paris
1952 In Vence (ab 1950) Heirat mit Valentina Brodskij
1960–66 Tätigkeit in Jerusalem und New York
1967 Niederlassung in Saint-Paul-de-Vence (Dép. Alpes-Maritimes)
1973 Musée National Message Biblique Marc Chagall in Nizza
1985 Tod in Saint-Paul-de-Vence

Marc Chagall schuf im Verlauf von annähernd acht Jahrzehnten ein Gesamtwerk als Grafiker und Maler, das nicht nur in den großen Museen, sondern auch als Glasmalerei (ab 1956, v. a. Kirchenfenster) und Raumgestaltung (Deckengemälde und Mosaike, z. B. 1962–64 in der Pariser Oper) in mehreren europäischen Ländern, in Israel und den USA vertreten ist. Aufgewachsen in ländlichem Milieu unter dem Einfluss des zugleich mystischen und weltoffenen ostjüdischen Chassidismus verband Chagall in seiner künstlerischen Entwicklung die heimatliche Volkskunst mit Einflüssen des Kubismus und des Surrealismus. Insgesamt lässt sich seine figurative, assoziative und farbintensive Malerei als eine poetische Form des Expressionismus bezeichnen. Chagall gewann wesentlichen Anteil an der Popularität der Klassischen Moderne nach 1945, zumal seine Kunst einen Beitrag zum jüdisch-christlichen Dialog leistete: Die Bibel verstand er als „die größte Quelle der Poesie aller Zeiten". Kritik an der christlichen Vereinnahmung der Bibel enthalten Chagalls Darstellungen des gekreuzigten Jesus als Jude und als Symbolfigur der Leiden des jüdischen Volkes (*Die weiße Kreuzigung*, 1938; Chicago, The Art Institute).

Erinnerung und Vorstellung

Chagalls Expressionismus unterscheidet sich grundsätzlich von der Malerei im Stil der „Brücke" durch den Vorrang innerer Bilder gegenüber der spontanen Reaktion auf die äußere Wahrnehmung. Diese inneren Bilder lösen aber auf ähnliche Weise Emotionen aus, die zu expressiver Form- und Farbgebung führen. Der deutlichste Hinweis auf Chagalls Innensicht ist die Tatsache, dass die Themen seiner Werke in der Großstadt Paris von Motiven dominiert werden, die aus dem heimatlichen Liosno stammen, einem jüdischen Vorort bzw. Ghetto von Witebsk (*Der Sabbat*, 1910; Köln, Museum Ludwig; *Ich und das Dorf*, 1911; New York, Museum of Modern Art; *Der Viehhändler*, 1912; Basel, Kunstmuseum). Die Erinnerungsbilder aber blieben lebendig und verbanden sich mit Vorstellungsbildern einer paradiesischen Welt der Liebenden. Im Mittelpunkt seines Werkes steht ein Zyklus zum Hohenlied, einer Sammlung orientalischer Liebeslieder im Alten Testament (Nizza, Musée National Message Biblique Marc Chagall).

Aufhebung der Schwerkraft

Ein Merkmal der Bildwelt Chagalls sind schwebende Menschen, Tiere und Gegenstände, verbunden mit einer ebenfalls träumerischen Verwandlung der Größenverhältnisse. Es sind v. a. Mann und Frau, die sich in die Lüfte erheben, wie etwa der Bräutigam auf den Schultern seiner Braut (*Doppelbildnis mit Weinglas*, 1917; Paris, Musée d'Art Moderne im Centre Pompidou). Hier oben bewegen sich die animalischen Lebewesen, die auch als

Reittiere dienen, ganz mühelos: ein rotes Pferd, ein fliegendes gelbes Rind und stolz geschwänzte blaue Hähne. Die Farbenpracht dieser Fauna wetteifert mit der Flora, die ebenfalls von der Schwerkraft befreit ist. Ein Gegenbild ist der apokalyptische *Engelsturz* (Basel, Kunstmuseum) aus den Jahren 1923, 1933 und 1947: der rote Engel gewinnt den Ausdruck von Feuer, das vernichtend auf die Erde stürzt.

! Der Geiger

Das Gemälde im Stedelijk Museum von Amsterdam entstand 1912/13. Es gehört zu den frühen Pariser Erinnerungsbildern an sein Heimatdorf. Während bei der Hochzeit (1909; Zürich, Sammlung Bührle) ein Geiger und der Rabbi dem Brautpaar vorangehen, steht der bei allen Festlichkeiten unentbehrliche Musiker nun bildfüllend auf dem schneebedeckten Dach einer Hütte und setzt den rechten Fuß auf einen Tisch, um mit dem Absatz seines Stiefels den Takt zu schlagen. Der gekrümmte Horizont am oberen Bildrand deutet an, dass die Melodie des Musikers den Erdball umrunden wird. Eine weitere Version entstand 1923 als *Grüner Geiger* (New York, Solomon R. Guggenheim Museum); 1967 hat dieser sich schließlich mit unter den Arm geklemmter Geige mitten auf einer Dorfstraße auf einem Tisch niedergelassen.

Pablo Picasso

(eigentlich Pablo Ruiz y Picasso)

! Lebensdaten

1881 Geburt in Málaga
1892–97 Kunstschule, dann Studium in La Coruña, Barcelona und Madrid
1900 Erster Aufenthalt in Paris, Rückkehr nach Barcelona
1904 Niederlassung in Paris: Atelier in Montmartre (bis 1909); Lebensgemeinschaft mit Fernande Olivier (bis 1911)
1918 Heirat mit der Tänzerin Olga Koklova
1921 Geburt des Sohnes Paolo
1931 Erwerb des Schlosses von Boisgeloup
1935 Trennung von Olga, Verbindung mit Marie-Thérèse Walter, Geburt der Tochter Maya
1936 Verbindung mit der Fotografin Dora Maar
1944 Mitglied der KP Frankreichs
1946 Lebensgemeinschaft mit der Malerin Françoise Gilot
1947 Geburt des Sohnes Claude

Lebensdaten

1949 Geburt der Tochter Paloma
1954 Trennung von Françoise Gilot
1955 Henri Clouzot dreht den Film La mystère Picasso; Tod Olga Koklovas
1958 Erwerb des Schlosses Vauvenargues bei Aix-en-Provence
1961 Heirat mit Jaqueline Roque; Niederlassung in Mougins bei Cannes
1973 Tod in Mougins; Beisetzung im Schlosspark von Vauvenargues

Das Lebenswerk des spanisch-französischen Malers, Grafikers und Plastikers repräsentiert weitgehend die Geschichte der Klassischen Moderne und rechtfertigt Picassos Ehrentitel „Genie des 20. Jahrhunderts". Allerdings wird häufig übersehen, dass Picasso nie die Grenzen der figürlich-gegenständlichen Darstellung überschritten hat, sondern innerhalb dieser Grenzen auf vielfältige Weise das Abbilden des sinnlich Wahrnehmbaren durch Neubildung überwunden hat. Dies begann um 1908 mit dem Kubismus. **Georges Braque** (1882–1963) und Picasso lösten als Kubisten eine Erwartung ein, die v. a. Paul Cézanne als selbstständige „Bildwirklichkeit" geweckt hatte. Braque und Picasso zogen die Konsequenz der „kubistischen" Zerstörung von Überresten einer illusionistischen Malerei: Von nun an gewann ein Bild den Charakter von Wirklichkeit, indem es sich allein durch „innerbildliche" Qualitäten legitimierte und zwar in der Auseinandersetzung mit der „außerbildlichen" Wirklichkeit. Das heißt: Picassos Kunst ist in gleicher Weise autonom, abstrakt und engagiert, nie neutral. Das nach wie vor bedeutendste Werk, indem Picasso die Beziehung zwischen Kunst und Realität im 20. Jh. auf einzigartige Weise verwirklicht hat, ist das Monumentalgemälde *Guernica* (1937; Madrid, Prado/Cason del Buen Retiro). Anlass war die Vernichtung der wehrlosen baskischen Stadt Guernica durch ein deutsches Bombergeschwader im Spanischen Bürgerkrieg. Das Werk gehörte zur Ausstattung des Pavillons der Republik Spanien. Gemäß Picassos testamentarischer Verfügung gelangte es erst nach dem Tod des Diktators Franco (1975) nach Madrid (1981).

Stilperioden

Der Sohn des akademischen Malers Don José Ruiz Blasco und der Doña Maria Picasso Lopez malte sein erstes Ölbild mit 8 Jahren; mit 15 Jahren trat er mit dem Gemälde *Die Erstkommunion* an die Öffentlichkeit. Die eigenständige künstlerische Entwicklung begann 1902/03 in Barcelona mit den ersten Bildern der (nach der vorherrschenden Farbgebung benannten) „Blauen Periode", die in Paris in die „Rosa Periode" überging. Zwei charakteristische Werke der National Gallery of Art in Washington zeigen jeweils eine Figurengruppe am Strand: *Die Tragödie* (1903, Vater, Mutter und Kind einsam und schutzlos) und die farblich lebhaftere, doch gleichfalls melancholisch anmutende *Seiltänzerfamilie* (1905). Eindrücke der „primitiven" iberischen und afrikanischen Figuren und Masken sowie geometrische Rhythmisierung der Bildfläche kennzeichnen das als Bordellszene begonnene Gemälde *Les Demoiselles d'Avignon* (1906/07; New York, Museum of Modern Art) aus der „Afrikanischen Periode", die Picassos Anteil an der Entstehung des Kubismus (um 1808–14) mitbestimmte. Während kubistische Techniken vielfältige Anwendung fanden, schockierte Picasso die Avantgarde um 1920 durch einen anscheinend „abtrünnigen" Neoklassizismus (*Laufende Frauen am Strand*, 1922; Paris, Musée Picasso). In den 1930er-Jahren über-

? Schon gewusst?

Der Begriff Kubismus entstand 1908, als ein Kritiker über neue, beim Pariser Kunsthändler **Daniel-Henry Kahnweiler** (1884–1979) ausgestellte Werke von Braque ironisch urteilte, der ehemalige Fauvist beschränke sich inzwischen auf „cubes" (Würfel). Gemeint war die Annäherung der Darstellung an stereometrische Grundformen. Bereits Paul Cézanne hatte davon gesprochen, die Vielfalt der Naturformen lasse sich auf Kugeln, Zylinder und Pyramiden zurückführen. Braque und Picasso akzeptierten die Beschimpfung als „Kubisten" als willkommene Herausforderung. Sie entwickelten in den folgenden Jahren aus den „Würfeln" eine Vielfalt neuer Möglichkeiten, Figuren und Gegenstände im Bild(raum) entstehen zu lassen, anstatt sie abzubilden. Im „analytischen Kubismus" (1908–12) herrschte eine Zergliederung in plastische und geometrische Teile vor, im „synthetischen Kubismus" (1912–14) entstand die neue Technik der Collage aus Materialien, die demonstrierten: Was du siehst, ist ein Gefüge aus Einzelteilen, die sich hier zu einem unerwarteten Gebilde – z. B. einer Gitarre – verbinden. Die Daten 1908–14 bezeichnen nur die Entstehung „kubistischer" Techniken bei Braque und Picasso. Im weiteren Sinne ist der Kubismus gleichbedeutend mit der Verselbstständigung des Mediums „Bild".

raschte und schockierte er durch immer wieder neue Kombinationen eines unerschöpflichen Repertoires an Form- und Farbgebungen, welches die neorealistischen, surrealen, expressiven und abstrakten Stilrichtungen seiner Zeitgenossen berührte, ohne sich diesen einzugliedern. Ebenso weit gespannt ist das thematische Spektrum vom Porträt und Selbstporträt über das Figurenbild (meist als Akt), Interieur, Stillleben, Tierbild und die Landschaft bis hin zu mythologischen und religiösen Themen (*Kreuzigung*, 1930; Paris, Musée Picasso). 1952–54 entstanden für eine „Friedenskapelle" in Vallauris die beiden allegorischen Gemälde *Krieg* und *Frieden*. In den 1950er-Jahren widmete sich Picasso der „Übersetzung" von Meisterwerken der Kunstgeschichte in seine eigene Bildsprache, z. B. der *Meninas* von Velázquez; diese Neufassungen (1957) besitzt das 1963 eröffnete Museu Picasso in Barcelona. Ein gewisses Maß an Kontinuität ergibt sich aus der kubistischen „Mehransichtigkeit", z. B. als Verbindung von Profil- und Vorderansicht, Vorder- und Rückenansicht. Dies verdeutlichen zwei Werke der Neuen Nationalgalerie in Berlin: die *Sitzende Frau* von 1909 im Stil des „analytischen Kubismus" und der späte Akt *Liegende Frau mit Blumenstrauß* von 1958.

Wassily Kandinsky

! Lebensdaten

1866 Geburt in Moskau
1876 Übersiedlung der Familie nach Odessa
1886–92 Jurastudium in Moskau
1892–1911 Ehe mit Anja Tschimiakin
1783–96 Dozent an der Moskauer Universität
ab **1897** Kunststudium in München
1901 Lehrer an einer Kunstschule der Gruppe „Phönix"; Reisen mit der Schülerin Gabriele Münter (Holland, Frankreich, Tunesien)
ab **1909** Lebensgemeinschaft mit Gabriele in Murnau
1911/12 Erste Ausstellung und Almanach Der Blaue Reiter
1914 Nach Kriegsausbruch Rückkehr nach Russland
1916 In Stockholm Trennung von Gabriele
1917 In Moskau Heirat mit Nina von Andreasky
1918 Mitglied der Abteilung Kunst im Kommissariat für Aufklärung; Gründung von Provinzmuseen
1921 Rückkehr nach Deutschland (Berlin)
1922–33 Lehrer bzw. Meister am „Bauhaus" in Weimar, ab **1925** in Dessau, zuletzt in Berlin

> **! Lebensdaten**
>
> ab **1933** Exil in Frankreich
> **1934** Niederlassung mit Nina in Neuilly-sur-Seine
> **1937** Werke in der Ausstellung „Entartete Kunst"
> **1939** Frz. Staatsbürgerschaft
> **1944** Tod in Neuilly-sur-Seine

Wassily Kandinsky, Sohn einer großbürgerlichen Familie und akademisch ausgebildeter Jurist, nimmt als Begründer der Abstrakten Malerei einen außergewöhnlichen Platz in der Klassischen Moderne ein. Sein Rang wird nicht durch die Tatsache infrage gestellt, dass die gegenstandsfreie Malerei um 1910 „in der Luft lag". So schuf der aus Böhmen stammende und ab 1896 in Frankreich lebende Tscheche **Frank Kupka** (1871–1957) etwa zur gleichen Zeit erste Gemälde, die keine gegenständlichen Elemente aufweisen, wie z. B. die *Fuge in zwei Farben* (1912; Prag, Narodni Galerie), ebenso der deutsche Maler **Adolf Hoelzel** (1853–1934), der für seine gegenstandslosen Bilder „Absolute Kunst" nannte. Dass Kandinsky einer Arbeit aus dem Jahr 1910 den Titel *Erstes abstraktes Aquarell* gab, bezieht sich einerseits auf die penible nummerische Ordnung seiner Werke, deutet aber andererseits auf das Bewusstsein hin, einer neuen Auffassung der Kunst den Weg zu bahnen: Im selbem Jahr wie das *Erste abstrakte Aquarell* entstand Kandinskys Programmschrift *Das Geistige in der Kunst*. Sie ist, wie der Almanach *Der Blaue Reiter*, 1912 erschienen.

Expressive und geometrische Abstraktion

Zwischen diesen beiden Polen bewegt sich die um 1910 beginnende Schaffensphase, die über drei Jahrzehnte andauerte. Ein frühes Beispiel ist die *Improvisation 26 (Ruder)* aus dem Jahr 1912, d. h. zur Zeit der Ausstellungsgemeinschaft „Der Blaue Reiter" (München, Städtische Galerie im Lenbachhaus). Der Untertitel *Ruder* erklärt die drei pfeilartig ins Bild ragenden Linienpaare als optische Reminiszenz. Die formale Funktion ergibt sich jedoch aus dem Kontrast des Elementes Linie, das den Eindruck spontaner und energischer Pinselführung hervorruft, mit weich konturierten Farbflächen in unterschiedlicher Größe und Intensität. Dieser stark gestischen Malerei folgte in den 1920er-Jahren, in der Zeit der Lehrtätigkeit am „Bauhaus", eine Geometrisierung.

Begriffe

Kandinsky begleitete seine künstlerische Entwicklung vom Impressionismus zu unterschiedlichen Ausprägungen der Abstrakten Ma-

Schon gewusst?

Der *Blaue Reiter* war zunächst der Titel eines als periodisches Jahrbuch der aktuellen Kunst geplanten Almanachs, an dem Kandinsky und Franz Marc (1880-1916) arbeiteten. Der Titel verband die Symbolfarbe des Geistes mit einem Motiv, das Kandinsky in unterschiedlicher Weise – z. B. als kämpferischen hl. Georg – gestaltete. Zugleich bereiteten sie eine Ausstellung der „Redaktion des "Blauen Reiters'" vor. Diese fand Ende 1911 in der Münchner Galerie Tannhauser statt. Teilnehmer waren neben den Almanach-Autoren Kandinsky, Marc und August Macke (1887-1914) auch **Heinrich Campendonk** (1889–1957), das Paar **Alexej von Jawlensky** (1864–1941) und **Marianne von Werefkin** (1860–1938), Kandinskys Lebensgefährtin **Gabriele Münter** (1877–1962), Paul Klee sowie aus Paris Robert Delaunay (1885–1941), Henri Matisse und Werke des bereits verstorbenen Henri Rousseau (1844–1910). Der Almanach Der Blaue Reiter erschien 1912 im Münchner Piper-Verlag (Neuausgabe 1956). Mit der Zeit diente sein Titel als Name der Ausstellungsgemeinschaft, die bis 1914 bestand und eine spirituelle Prägung des Expressionismus mit Übergängen zur Abstrakten Malerei vertrat, im Unterschied zum stärker der sinnlich wahrgenommenen Wirklichkeit verpflichteten Stil der „Brücke".

lerei als kunsttheoretischer und philosophischer Schriftsteller, der sich u. a. um begriffliche Klarheit bemühte. Viele Titel seiner Gemälde unterscheiden zwischen den Kategorien Studien, Improvisationen, Impressionen und die Kompositionen. Diese letzte und höchste Stufe erreichten zwischen 1910 und 1939 nur zehn Gemälde. Die Bezeichnung Impression definierte Kandinsky in *Das Geistige in der Kunst*: „Direkter Eindruck von der ‚äußeren Natur', welcher in einer zeichnerischen malerischen Form zum Ausdruck kommt." Insofern bilden die Impressionen die Vorstufe zur Komposition, in der äußere und geistige Wahrnehmung zu einer höheren Synthese gelangen. Zwei Beispiele sind die *Komposition VIII* (1923; New York, Solomon R. Guggenheim Museum) und die Komposition IX (1936; Paris, Musée d'Art Moderne im Centre Pompidou). Das Werk von 1923 gehört zu jener Gruppe, in der unter dem Einfluss des russischen Konstruktivismus ausschließlich geometrische Formen und Linien verwendet werden; das Werk von 1936 enthält neben geometrischen auch biomorphe Formen, die im Spätwerk zunehmenden Anteil am bildnerischen Vokabular gewannen.

Paul Klee

! Lebensdaten

1879 Geburt in Münchenbuchsee bei Bern
1898 Nach dem Abitur in Bern Kunststudium in München
1901/02 Italienreise
1905 Aufenthalt in Paris
1906 In Bern Heirat mit der Pianistin Lili Stumpf
1907 Übersiedlung nach München; Geburt des Sohnes Felix
1912 Teilnahme an der zweiten Ausstellung des „Blauen Reiters"; in Paris Bekanntschaft mit Robert Delaunay
1914 Tunisreise mit August Macke
1916–18 Kriegsdienst in Landshut
1924 Erste Ausstellung in den USA (New York)
1920–31 Lehrtätigkeit am „Bauhaus" in Weimar (ab 1925 in Dessau)
1928 Reise durch Nordafrika (bis Ägypten)
1931–33 Professor an der Kunstakademie Düsseldorf; nach der Entlassung Rückkehr nach Bern
1937 Werke in der Ausstellung „Entartete Kunst"
1940 Tod in Locarno-Muralto

Paul Klee verband die Theorie und Praxis der Abstrakten Malerei mit einer vielfältigen Zeichensprache, die mit dem Surrealismus verwandt ist. Der Sohn eines Musiklehrers und einer Sängerin war als Abiturient Mitglied des Berner Stadtorchesters, entschied sich beruflich aber für die Bildende Kunst, ohne seine musikalische Begabung zu vernachlässigen. Klees Entwicklung begann mit satirischen Zeichnungen zu Themen wie der Unterwürfigkeit (1903 entstand eine Grafik mit zwei gebeugten alten Nackten: *Zwei Männer einander in höherer Stellung vermutend, begegnen sich*). Ein wesentlicher Ausgangspunkt für die Entstehung weit gespannter Ausdrucksmittel in der Malerei war die Beziehung zu Wassily Kandinsky und dem „Blauen Reiter". Ein elementares Erlebnis von Farben bezeugen die Aquarelle, die kurz vor Ausbruch des Ersten Weltkrieges in Tunesien entstanden. Klee unternahm diese „Tunisreise" mit **August Macke**, der im September 1914 getötet wurde. Die Freundschaft mit Kandinsky während der gemeinsamen Lehrtätigkeit am „Bauhaus" verstärkte Klees kunsttheoretische Arbeit (Vorlesung *Bildnerische Formenlehre*, 1922–24; Publikation *Pädagogisches Skizzenbuch*, 1925). 1933, von den NS-Machthabern aus der Düsseldorfer Kunstakademie entlassen, kehrte

Klee in die Schweiz zurück. Hier entstand sein bedeutendes Spätwerk angesichts der Bedrohung durch eine tödliche Krankheit (Sklerodermie). Den jüngsten Abschnitt in der Beschäftigung mit dem unerschöpflichen Reichtum des künstlerischen Erbes markierte 2002 die Grundsteinlegung zu einem Klee-Zentrum (Forschungsstätte mit Museum) in Bern; die Eröffnung ist für 2005 geplant.

Malerei und Musik

Ein Leitthema Klees sind Motive und Gestaltungsweisen, die sich als musikalisch bezeichnen lassen. Ein frühes Beispiel ist eine Verbindung von Aquarell und Zeichnung mit dem Titel *Die Zwitscher-Maschine* (1922; New York, Museum of Modern Art), zu den letzten Werken gehört die *Musik unter Tag* (1940; Stuttgart, Staatsgalerie) mit einer Strichfigur als „Dirigent" in einem Gespinst dunkler Konturen auf erdfarbenem Grund. Dazwischen liegen geometrische Kompositionen, die „Farbklänge" ergeben.

Gebaute Bilder

Eines der musikalischen Gemälde aus Quadraten, das auch als „Tonleiter" bezeichnet wird, heißt *Architektur* (1923; Berlin, Neue Nationalgalerie). Klee stellte es durch diesen Titel in einen Zusammenhang von Werken, die sich den Bauformen eines Gemäldes widmen. Märchenhaft geschieht dies im Gemälde *Villa R* (1919; Basel, Kunstmuseum): Ein großes grünes „R" überschneidet einen roten Weg entlang einer Villa aus lichten Quadraten, Rechtecken und Dreiecken unter der gelben Scheibe eines Himmelgestirns. Ein Auf-

! Revolution des Viaduktes

Das Werk stammt aus Paul Klees spätem Schaffen nach der Rückkehr in die Schweiz und entstand zur Zeit der Verfemung in Deutschland als „entarteter" Künstler. Die Betrachtung des Titels regt ein skurriles Gedankenspiel an: Ein Viadukt hat sich gegen seine Funktion aufgelehnt und sich in zwölf Torbögen zerteilt, die sich in unterschiedlicher Größe über die Bildfläche verteilen. Überschneidungen ergeben einen räumlichen Eindruck, die unterschiedlich langen Stützen der Bögen werden Beine in Schrittstellung, und es entsteht die Assoziation einer Marschkolonne kopfloser Gebilde. Die letztere Sicht deutet die Revolution des Viaduktes (1937; Hamburg, Kunsthalle) als Klees am stärksten politisch und zeitkritisch motiviertes Gemälde mit einem Rest der satirischen Schärfe der frühen Zeichnungen.

enthalt in Ägypten 1928 spiegelt sich in einer Gruppe von Gemälden wider, die aus waagrechten Streifen sowie pyramidenförmigen Dreiecken in nuancierten Farben „gebaut" sind (*Blick in das Fruchtland*, 1932; Frankfurt, Städel).

Max Ernst

! Lebensdaten

1891 Geburt in Brühl bei Köln
1909–14 Studium der Philosophie, Psychologie und Kunstgeschichte an der Universität Bonn
1914–18 Kriegsdienst an der Westfront
1918 Heirat mit Luise Straus
1919 Erste Dada-Ausstellung in Köln (mit Hans Arp)
1920 Ausstellung „Dada-Vorfrühling"
1921 Erste Ausstellung in Paris
1922 Mitglied der Gruppe um André Breton (*Das Rendezvous der Freunde*; Köln, Museum Ludwig)
1924 Indochinareise mit Paul und Gala Eluard
1927 Heirat mit Marie-Berthe Aurenche
1937 Werke in der Ausstellung „Entartete Kunst"
1938 Niederlassung in Saint-Martin (Südfrankreich)
1939 Internierung als „feindlicher Ausländer"

! Lebensdaten

1941 Emigration in die USA; kurze Ehe mit der Kunsthändlerin Peggy Guggenheim in New York
1943 Erster Aufenthalt mit der Malerin Dorothea Tanning in Sedona (Arizona)
1946 Heirat mit Dorothea; Niederlassung in Sedona
1948 US-amerikanische Staatsbürgerschaft
1953 Endgültige Rückkehr nach Frankreich
1954 Frz. Staatsbürgerschaft; Niederlassung in Huismes
1976 Tod in Paris

Max Ernst, Sohn eines Lehrers und Freizeitmalers mit einer Vorliebe für religiöse Themen, ist Mitbegründer und der wohl vielseitigste Vertreter der surrealistischen Bewegung. Im Essay *Was ist Surrealismus?* (Katalog zur Ausstellung 1934 in Zürich) bekennt er sich zu den „stärksten poetischen Zündungen" durch die Verbindung wesensfremder Elemente, z.B. bei der vom gleichsam protosurrealistischen Dichter **Comte de Lautréamont** (1846–1870) vorgestellten „zufälligen Begegnung von Nähmaschine und Regenschirm auf dem Seziertisch". Max Ernst wandte sich stets gegen eine Banalisierung des Surrealismus. Er bewegt sich als Surrealist auf dem „physikalischen und psychischen Grenzgebiet von Innen- und Außenwelt", was nicht bedeutet „Träume abzumalen (das wäre deskriptiver, naiver Naturalismus)" oder sich „aus Traumelementen seine eigene kleine Welt aufzubauen, um sich in ihr gütlich oder boshaft zu gebärden (das wäre ‚Flucht aus der Zeit')".

Techniken

Ein Merkmal der Tätigkeit des Grafiker, Malers und Plastikers Max Ernst ist der Erfindungsreichtum, der seiner Lust an Entdeckungen entspricht. Seine Collagen (Klebebilder) kombinieren auf den Spuren Lautréamonts fragmentierte druckgrafische Erzeugnisse aus dem 19. Jh.; in seine plastischen Werke sind Fundstücke eingearbeitet. Die bekannteste Neuerung ist die um 1925 entwickelte Frottage: Eigenschaften von Materialien wie Holz und Pflanzenteile werden durch Reiben mit Stiften auf Papier sichtbar gemacht, wobei die Maserung halluzinatorische Prozesse in Gang setzt; „automatisch" entstandene Formen ergeben Figuren, die collagiert werden, z. B. als Illustrationen einer *Naturgeschichte* (*Histoire naturelle*). Als Grattage übertrug Ernst die Frottage in die Malerei: Hier werden Strukturen nicht durch Abreiben sichtbar, sondern durch Abkratzen der Ölfarbe von der Leinwand, die auf den strukturierten Untergrund gedrückt wird. Eine Technik des „automatischen" Farbauftrages, die im Abstrakten Expressionismus aufgegriffen wurde, ist das Dripping: Farbe träufelt aus perforierten Behältern, die an Schnüren pendeln.

Motive

Ein Gemälde in der Technik der Grattage ist die *Vogelhochzeit* (1925; Stuttgart, Staatsgalerie). Das im Gesamtwerk immer wieder in verschiedenen Zusammenhängen auftauchende Vogelmotiv geht auf ein von Ernst überliefertes Kindheitserlebnis zurück: Der geliebte Vogel „Hornebom" des Knaben Max starb in derselben Nacht, in der seine Schwester Loni geboren wurde. Im Unterbewusstsein des Künstlers verband sich das Vogelmotiv mit Liebe und Tod als unlösbarer Zusammenhang. Auf vergleichbare Weise lassen sich Motive wie der undurchdringliche Wald unter oder vor einem Gestirn auf frühe Traumata zurückführen (*Der große Wald*, 1927; Basel, Kunstmuseum) und als Ausgangspunkte neuer Figurationen betrachten: Aus dem Wald entsteht eine gespenstische Vegetation; das Reich der Lüfte erobern die dämonische *Windsbraut* (1926/27; Karlsruhe, Kunsthalle) und ein Drache als *Hausengel* (1937; Karlsruhe, Kunsthalle). Eine Herausforderung, der sich

? Schon gewusst?

Der Begriff Surrealismus (von frz. „surréaliste": überwirklich) bezeichnet eine von Paris ausgehende Bewegung in Literatur und bildender Kunst. In seinem ersten *Manifest du Surréalisme* (1924) definierte der Schriftsteller **André Breton** (1896–1966) den Surrealismus als „reinen, psychischen Automatismus, durch den man, sei es mündlich, sei es schriftlich, sei es auf jede andere Weise, den wirklichen Ablauf des Denkens auszudrücken sucht. Denk-Diktat ohne jede Vernunft-Kontrolle". Durch den Ausschluss „aller ästhetischen oder ethischen Fragestellungen" proklamierte Breton eine Überwindung des Dadaismus, den Emigranten und Pazifisten 1916 in Zürich als politisch motivierte Revolte gegen alle künstlerischen und moralischen Konventionen ins Leben gerufen hatten. Revolutionär war auch der Surrealismus, doch speiste er sich aus Traditionen, die bereits im 19. Jh. die „Wirklichkeit" der „unvernünftigen" Träume anerkannt hatten, z. B. die Romantik und der Symbolismus. In wissenschaftlicher Hinsicht war der Tiefenpsychologe **Sigmund Freud** (1856–1939) mit Werken wie *Die Traumdeutung* (1900) ein früher Wegbereiter. Zu den wichtigsten künstlerischen Anregungen gehörte neben der „primitiven" afrikanischen und ozeanischen Kunst die „Pittura Metafisica" (Metaphysische Malerei) des in Griechenland geborenen und in München ausgebildeten Italieners **Giorgio de Chirico** (1888–1978). In den 1940er-Jahren gewann der Surrealismus Einfluss in den USA. Zu den neosurrealistischen Bewegungen nach 1945 gehört die „Wiener Schule des Phantastischen Realismus" mit **Rudolf Hausner** (1915–95).

Ernst immer wieder stellte, waren Neufassungen tradierter Themen von der *hl. Cäcilie* (1923; Stuttgart, Staatsgalerie) bis zur *Versuchung des hl. Antonius* (1945; Duisburg, Lehmbruck-Museum). Zu den künstlerischen Auseinandersetzungen mit der Kulturgeschichte gehört das aus geometrischen Formen gefügte Bildnis *Euklid* (1945; Houston, Sammlung Menil). Es erinnert an die „Kompositköpfe" des **Giuseppe Arcimboldo** (1527–1593) und insofern an den Zusammenhang zwischen dem Manierismus im 16. Jh. und dem Surrealismus.

Salvador Dalí

! Lebensdaten

1904 Geburt in Figueras (Katalonien)

! Lebensdaten

1914 Klosterschule des Maristenordens
1921–24 Kunststudium in Madrid
1926 Erster Aufenthalt in Paris
1927 Militärdienst in Figueras
ab **1928** Lebensgemeinschaft mit Gala Eluard
1929 In Paris Zusammenarbeit mit Louis Bunuel; Mitglied der Gruppe um André Breton
1930 Erwerb eines Fischerhauses in Port Lligat
1934 Erster Aufenthalt in New York
1935 Provoziert durch „paranoische Hitler-Mystik" die Ächtung Bretons
1937 Nach Ausbruch des Spanischen Bürgerkriegs Übersiedlung nach Italien
ab1939 Niederlassung in den USA (New York, dann Kalifornien)
1949 Rückkehr nach Port Lligat
1958 Heirat mit Gala
1973 Das Stadttheater von Figueras wird zum „Teatro Museo Dalí"
1982 Dalí wird Witwer und lebt fortan als Marquis von Púbol im gleichnamigen Schloss, das er 1972 für Gala mit Wand- und Deckengemälden ausgestattet hat
1989 Tod in Figueras

Salvador Dalí, der Sohn eines Notars, verband seine Beteiligung an der surrealistischen Bewegung mit egozentrischem Geniekult. Den Weg in die Gruppe um André Breton ebnete sein Landsmann **Joan Miró** (1893–1983). Dalís Gesamtwerk erstreckt sich von Grafik und Malerei über Skulpturen und Werke der Objektkunst bis zu Installationen und Arrangements im Rahmen von Ausstellungen (z. B. Pavillon *Dream of Venus*, Weltausstellung New York 1939) und selbstständigen, stets medienwirksamen Events des „Magiers". In technischer Hinsicht hielt sich Dalí auf dem jeweils neuesten Stand und befasste sich in den 1970er-Jahren mit der Holografie, einer fotografischen Erzeugung von 3-D-Effekten.

Paranoisch-kritische Methode

Mit diesem Begriff, den er von der Bezeichnung „Paranoia" für Wahnvorstellungen abgeleitet hatte, kennzeichnete Dalí sein künstlerisches Verfahren. 1955 hielt er darüber an der Pariser Sorbonne einen Vortrag, und auch bei den zahlreichen Erläuterungen seiner Werke betonte er den paranoischen Charakter von Motiven. Ein Beispiel sind die von einem Camembert angeregten „weichen Uhren", u. a. auf dem Gemälde *Das Beharren der Erinnerung* (1931; New York, Museum of

Modern Art). Der Maler kommentierte: „Seien Sie überzeugt, dass Salvador Dalís weiche Uhren nichts anderes sind als der zarte, extravagante und einsame, paranoisch-kritische Camembert von Raum und Zeit." Dass die Verwandlung von Materialien ein Leitmotiv bildet, unterstreicht das *Weiche Selbstporträt 1941; Figueras,* Teatro Museo Dalí). Dies schließt nicht aus, dass die Malerei der „paranoisch-kritischen Methode" konkrete und kritische Bezüge zu aktuellen Ereignissen enthält.

So lässt sich *Der erhabene Augenblick* (1938; Stuttgart, Staatsgalerie) mit dem Bild eines Telefonhörers, der einen Teller mit Spiegeleiern zum Schmelzen zu bringen scheint, als Kommentar zum Münchner Abkommen verstehen, in dem Hitlers Zerschlagung der Tschechoslowakei vorab von England, Frankreich und Italien gebilligt wurde.

Erotik und Religion

Die meisten Skandale erregte Dalí nach 1945 durch sein demonstratives Bekenntnis zum Katholizismus: 1950 holte er für seine *Madonna von Port Lligat* (1950; Kanada, Sammlung Beaverbrook) mit der Darstellung des Jesuskindes als geöffnetes Tabernakel mit Hostie die päpstliche Genehmigung ein. Es folgten das Bild eines über der Erde schwebenden Gekreuzigten (*Der Christus des hl. Johannes vom Kreuz,* 1951; Glasgow, Art Gallery) und *Das Sakrament des Letzten Abendmahls,* wobei Jesus und die zwölf Jünger in einem gläsernen Dodekaeder (Körper aus zwölf Flächen) versammelt sind (1955; Washington, National Gallery of Art).

Dazwischen entstand der pralle Rückenakt mit Einhorn-Hörnern, einst Symbole der Keuschheit, als Phallus-Symbolen: *Von ihrer eige-*

! Brennende Giraffen

Mit diesem um 1935 entstandenen Gemälde besitzt das Kunstmuseum in Basel ein Hauptwerk aus Dalís klassischer surrealistischer Zeit. Auf einem Schauplatz mit biederem Horizont stehen drei stark verformte menschliche Gestalten; ihre von riesig zu winzig reichenden Proportionen unterstützen den Eindruck einer jähen Tiefenflucht. Die Figuren werden durch Krücken – eines der häufigsten Motive Dalís – gestützt. Unter der Brust und am Oberschenkel der vorderen, bis zum oberen Bildrand aufragenden Figur öffnen sich leere Schubladen, ein Symbol mangelnder Substanz? Die Hals- und Rückenlinie der Giraffe im Mittelgrund steht in Flammen. Symbolisiert sie animalische Begeisterung?

nen Keuschheit sodomierte Jungfrau (1954). Der Playboy-Herausgeber **Hugh Hefner** erwarb das Bild schließlich für die *Playboy*-Sammlung.

Andy Warhol

(eigentlich Andrew Warhola)

! Lebensdaten

1928 Geburt in Pittsburgh (Pennsylvania)
ab **1945** Nach einer Ausbildung zum Schaufensterdekorateur, Studium am Carnegie Institute of Technology in Pittsburgh (Kunstgeschichte, Psychologie und Soziologie)
ab **1949** In New York freiberuflicher Werbegrafiker
1952 Erste Ausstellung (Zeichnungen zu Texten von Truman Capote); Auszeichnung für die Gestaltung von Annoncen
ab **1960** Entstehung der „Factory" als kollektive Arbeitsstätte und Wohngemeinschaft
1962 Beteiligung an der Pop-Art-Ausstellung „The New Realists" in New York
ab **1963** Experimentalfilme
ab **1966** Multimediale Veranstaltungen
1968 Schussverletzung durch die Schriftstellerin und Feministin Valerie Solanas
1982 Produktion des „Andy Warhol Television"
1984 Nachtclub-Auftritt als „Unsichtbare Skulptur"
1987 Tod in New York

Andy Warhol, ein Sohn slowakischer Emigranten, entwickelte sich vom Mitbegründer und Repräsentanten der US-amerikanischen Pop Art zur Kultfigur mit der Botschaft: „Alles ist schön". Warhol propagierte ab den 1960er Jahren mit bald internationalem Erfolg die Aufhebung eines ästhetisch begründeten Unterschieds zwischen Kunst und der durch Kommerz, Konsum und Massenkommunikation bestimmten Wirklichkeit. Indem er Coca-Cola-Flaschen, das Dollar-Zeichen und Fotoreportagen über ebenso sensationelle wie alltägliche Katastrophen als Material künstlerischer Bearbeitung verwendete, erweckte er den Eindruck von Kritik an den gesellschaftlichen Verhältnissen. Diese Deutung seiner Kunst überließ Warhol seinen zahlreichen sozialpsychologischen Interpreten. Was diesen meist entging, waren die künstlerischen Verfahren, die Warhol und die Assistenten seiner „Factory" anwendeten. Dazu gehörten Techniken der seriellen Vervielfältigung eines Motivs und die Verfremdung des fotografischen Ausgangsmaterials; eine Polaroidkamera gehörte genauso zu den Attributen Andy Warhols wie seine hellblond gefärbte Haarmähne.

Verfremdung

Ein Beispiel für den künstlerischen Umgang mit „Massenwaren" wie Katastrophenmeldungen ist die Verfremdung durch Vergrößerung und Wechsel des Mediums. Das Gemälde *129 sterben im Flugzeug!* (1962; Köln, Museum Ludwig) gibt die Titelseite der Zeitung *New York Mirror* vom 4. Juni 1962 wieder (Schlagzeile „129 DIE IN JET!" und Aufmacher-Foto, ausgeführt in Acrylfarbe auf Leinwand im Format 2,5 x 1,8 m). Ein entsprechendes Verfahren verwendete **Roy Lichtenstein** (1923–97) durch die überdimensionale Nachbildung in Öl auf Leinwand von Details aus Comic-Strips, bei denen durch dieses „Blow-up" die einzelnen Bildpunkte (engl. dots) des Druckrasters erkennbar werden.

Vervielfältigung

Warhols Markenzeichen wurde die Reihung eines Motivs in der Technik des Siebdrucks (Serigrafie). Dieses Verfahren des Farbdrucks bedient sich u. a. fotografischer Vorlagen und wird häufig für Plakate verwendet. Indem er jeweils dasselbe Sieb für den Druck mit unterschiedlichen Farben und variierenden Unschärfen benutzte, entstanden großformatige „Bilderwände" mit assoziativen Beziehungen von der Plakatwand bis zurück zur ostkirchlichen Ikonostase. Warhol verwendete mit Vorliebe die Porträtfotos von Superstars verwendete. 1964 entstand mit *Marilyn* die berühmteste Serie. Als Vorlage diente das Porträt einer Hollywood-Ikone, der als Sexidol vermarkteten Filmschauspielerin **Marilyn Monroe** (*1926); sie hatte sich 1962 das Leben genommen.

? Schon gewusst?

Der Begriff Pop Art gilt als Abkürzung von „popular art" (populäre Kunst), doch könnte dies eine nachträgliche Erklärung sein. Vielleicht liegt der Bezeichnung für die von England ausgehende Bewegung das Wort „pop" (Schlag) zugrunde. Es befindet sich auf einem Lolly (im Format eines Tennisschlägers) in einem als Collage aus Werbematerial gestalteten Interieur von **Richard Hamilton** (*1922). Das Bild trägt den sarkastischen Titel *Was macht denn das heutige Zuhause so anders, so anziehend?* (1956; Tübingen, Kunsthalle).

Register